Alaixandre Pizzoferrato

Quarterback

Edilivre

Chapitre 1
Une rentrée en cours d'année

Déménager pour une nouvelle ville n'était pas chose facile, surtout en cours d'année et en plus quand on est en dernière année au lycée. Mais pour Brian Mackenzie, ce n'était pas un problème, question lycée il était brillant, il n'avait vraiment pas à s'en faire. Mais pour les relations humaines, c'était autre chose. Il allait devoir intégrer une classe peut être déjà soudé et cela en cours d'année. Mais les classes soudées cela n'existe pas, c'est un cas rare très rare. Soit tout le monde s'entend vraiment ou tout le monde s'entend en se mentant.

C'est avec sa maison encore dans les cartons qu'il effectua sa rentrée. Le lycée était comme tous les lycées, des profs, des élèves et des surveillants. C'était un vieux bâtiment qui venait d'être restauré, il était assez grand avec de la verdure pour donner l'impression de ne pas être en prison. Le couloir qui le mena jusqu'à sa classe était vide et froid, des casiers rouges, un sol crème, des affiches des différents clubs que comportait le lycée, bref rien d'extraordinaire. Il avait quelques minutes de retard, il pressa donc son pas.

Il frappa à la porte, on le somma d'entrer. C'était madame Greendall, professeur de géographie. Elle était d'âge mûre et très coquette. Elle lui sourit, et ne fit pas de remarque sur son retard, c'était son premier jour, mais Brian s'excusa malgré tout. Sur lui, tous les yeux étaient braqués, il n'osait les croiser. En se cherchant une place, il jaugea furtivement le petit comité. Il y avait dans un coin les intellos coincés, au fond les rois du ballon avec leur pétasse collée au bask', c'était les joueurs de l'équipe de football américain et les pom-pom girls.

Au milieu, étaient installés ceux qui n'avaient aucune appartenance. Il y avait juste une place pour lui, Brian se faufila donc entre les tables afin de s'y asseoir. Il était tout content de son entrée discrète sans présentation. Il était attentif pendant le cours, même si ce programme il l'avait déjà vu. De temps en temps, certaines têtes se retournaient pour mieux regarder l'étranger qu'il était. Il leur souriait, il n'allait pas les fusiller, pas le premier jour en tout cas, cela ne se faisait pas. Puis la prof l'interrogea, sa réponse était remarquablement juste, ce qui lui attira quelques houements de la part de certains des rois du ballon. Face à ce genre d'attitude puérile, Brian se taisait. Il était partisan de répondre aux imbéciles par le silence.

Au réfectoire, c'était toujours la même histoire, le petit nouveau se retrouvait à la table située à côté du poteau. Brian s'en fichait, il valait mieux déjeuner seul que d'être mal accompagné. Mais bon, être le pestiféré n'était pas ce qu'il préférait.

– Salut étranger, dit une voix.

Brian leva des yeux hébétés qui se demandaient qui pouvait bien lui parler. C'était Lisa la déléguée de la classe et accessoirement celle que l'on laissait volontairement de côté. Pourtant elle n'était pas en retard sur la mode, elle n'était pas moche, son seul défaut était de ne pas avoir sa langue dans sa poche. Elle était la première à critiquer les méfaits des plus populaires du lycée. A leurs yeux elle était une révolutionnaire, elle était la seule qui mettait à mal leur petit monde parfait en ne les vénérant pas. Et comme punition, elle n'était plus invitée à toutes ces soirées de messieurs et mesdames popularité. Si le reste du lycée les idolâtrait, elle s'en moquait. Pour Lisa rien ne sert d'être populaire, c'est une chose si éphémère surtout en fin d'année, encore quelques mois, et ils allaient tous tomber dans l'anonymat. Bref, son caractère faisait qu'elle était traitée comme une serpillière. Elle pris place juste en face de Brian, cette table, elle l'avait surnommée, « la table des neurones rescapées ». De là, elle pouvait tout observer, elle avait une vue imprenable sur tout le réfectoire. L'endroit était grand, raisonnant, sans touche de couleur. Le sol couleur ciment était peu réjouissant, mais pas salissant. Les bais vitrées donnaient vue sur la partie bétonnée de la court.

– Tu viens d'où étranger, lui demanda-t-elle.

– D'une lointaine contrée, dit il, moi c'est Brian.

– Lisa, enchantée, fit elle d'un hochement de tête qui ramena une mèche sur son visage.

– Moi je suis honoré.

– C'est pas Brian, demanda-t-elle puis elle se mit à rire, c'était une blague je suis pas conne, je ne suis pas pom-pom, se justifia-t-elle en ramenant sa mèche derrière son oreille.

Brian souriait, au moins une qui ne l'avait pas snobé. Il lui expliqua qu'il venait d'emménager car son père avait été muté dans cette ville. Son père était dans la communication, il avait eu une promotion qui entraînait une mutation, devenir responsable du département marketing valait bien un petit sacrifice.

Enfin un nouveau visage, se disait Lisa. Il n'avait pas l'air bête et semblait sympa au premier à bord. Lui il se demandait pourquoi elle était mise à l'écart.

– Je ne me conforme pas à leurs règles et ça les gêne, fit elle pour réponse, je ne suis pas un mouton, dit elle d'un haussement d'épaule.

Brian constata qu'elle avait effectivement du caractère, elle semblait être leader pour elle-même, mais pas pour les autres, alors être un mouton sans opinions, pas question !

Lisa le briffa sur ce qu'il fallait connaître pour lui éviter des trucs pas chouettes, comme se retrouver dans une poubelle. Dans leur classe, les seuls qui allaient peut être lui pourrir la vie, c'était les messieurs du ballon et les filles pendu à leurs caleçon. Le leader de cette petite bande en recherche perpétuelle d'attention, c'était Ron Williams. Normal, c'était le quarterback du lycée, il sortait avec Cristale chef des pom-pom girls. Comme par hasard les deux personnes les plus populaires étaient en couple. D'un lycée à un autre, les mœurs ne bougeaient pas, elles étaient immuables comme les castes en Inde. Le reste de leurs acolytes, tenaient le rôle de sujets. Chaque année, ils étaient élus roi et reine du lycée, pas étonnant, ils avaient une beauté qui se conjuguait avec tête couronnée. Ron était grand, musclé, fort, les yeux marrons, les cheveux châtain foncé gelés à la dernière mode, en un mot le mâle dans toute sa splendeur. Cristale, était quant à elle blonde avec un balayage de mèche plus clairs, son style était étudié, son corps faisait baver, c'était la bimbo du lycée un peu écervelée certes, mais bimbo envers et contre tous. Brian était amusé par le portrait que Lisa avait dressé. Il ne serait donc pas dépaysé par son nouveau lycée.

Question beauté, Lisa n'avait rien a envié à Cristale, elle avait juste oublié d'être bête.

Des cheveux bruns coupés au carré légèrement dégradés sur les côtés, soulignaient les contours de son visage au teint clair. Elles les portaient souvent derrière ses oreilles, ou elle faisait une queue. Son visage était toujours dégagé, elle n'avait rien à cacher, surtout pas son sourire qu'elle partageait à qui le voulait. Lisa était de nature très sociable, toujours à l'écoute des autres. Elle s'était présentée à l'élection de délégué pour pouvoir défendre le cas de ses petits camarades. Ils pouvaient tous compter sur elle, même ceux qu'elles n'appréciaient guère de par leur suffisance naturelle.

Brian lui n'était pas à la tête d'une équipe de sportif, mais il n'était pas si mal pour autant. Les cheveux bruns, les yeux clairs, de taille moyenne, pas gros pas mince, juste ce qu'il fallait.

Leur duo était proche de la normalité, mais le couple que formait Ron et Cristale se rapprochait de la superficialité. Deux mondes bien différents qui essayaient de vivre malgré tout en « paix ».

Brian constata également que la bouffe de la cantine était partout la même, aussi appétissante au possible.

– Tiens, monsieur et madame superficialité viennent de nous regarder, dit Lisa en reprenant une bouchée.

– Ha ouais, j'ai raté cette attention, dit Brian en rigolant.

– Ils doivent se demander ce que tu fais avec moi, désolé à cause de moi tu vas être catalogué dans les « à éviter », dit elle en souriant.

– Comme je suis triste, dit il en faisant mine.

Ils se mirent à rigoler, leur complicité commençait.

Après les cours, Brian rentra directement chez lui, il n'avait pas à traîner, pour la simple et bonne raison qu'il ne connaissait personne, normal pour un premier jour d'école.

De retour chez lui, Brian constata que sa mère était encore dans les cartons. Elle était affublée pour l'occasion. Elle portait un jean, et une chemise bleu ciel à carreaux dont les manches étaient retroussées jusqu'aux coudes. Ses longs cheveux châtains étaient coiffés en chignon d'infortune, le tout maintenu par un stylo. Elle avait passé sa journée à tout déballer, elle en voyait presque la fin. La mère de Brian était une mère au foyer dévouée et aux petits soins, toujours disponible pour véhiculer son fils à n'importe quelle heure du jour ou de la nuit à l'époque où il n'avait pas encore son permis. Son mari et son fils étaient tous pour elle, et ils le lui rendaient bien. Avant d'être femme au foyer, elle occupait le poste de commercial dans une concession automobile. Son mari lui demanda de démissionner lorsqu'ils avaient appris l'heureux évènement.

– Comment s'est passée ta journée, lui demanda-t-elle tout en ouvrant le carton des linges de maison.

– Rien d'extraordinaire, fit Brian.

– C'est ton premier jour, dit elle compatissante.

– Une seule personne m'a abordé.

Sa mère eu une mine réjouit, son fils a été abordé le premier jour dans sa nouvelle école, d'habitude il lui fallait une bonne semaine pour faire la connaissance des autres.

– Qui, s'enquit elle.

– Lisa, une fille sympathique au premier à bord, bien loin des autres énergumènes.

A cette remarque sa mère sortit la tête du carton.

– Elle est jolie ?

– Maman, fit Brian d'un air agacé.

– J'ai rien dit, fit elle accroupit en agitant les torchons qu'elle avait en main, comme si elle agitait des drapeaux blancs.

Il alla ensuite prendre son goûter avant de venir l'aider. Elle lui fit part de sa rencontre d'avec le voisinage. Elle avait eu quelques visites de gens fort sympathiques au cours de l'après midi.

Au bout d'une semaine tout était à sa place, le lycée se passait de mieux en mieux, enfin Brian s'y était habitué, ses parents se firent de nouveaux amis, et tout allait pour le mieux dans le nouveau boulot de son père.

Maintenant après les cours, Brian et Lisa traînaient sur le terrain de sport du lycée. C'est installés dans les gradins qu'ils faisaient leurs devoirs, le bruit des pom-pom girls et des joueurs étaient le fond sonore de leurs conversations. Le clan des populaires avait leurs groupies et autres fans installés autour du terrain. Brian et Lisa, quant à eux s'en moquaient bien, mais ils ne rataient pas une occasion de se moquer d'eux. Ron l'avait remarqué et n'arrêtait pas de regarder dans leur direction, il avait un regard agacé comme si il savait qu'on parlait sur lui. Brian et Lisa le voyaient très bien, ce qui les amusaient d'autant plus. Après l'entraînement, Ron et ses coéquipiers regagnèrent les vestiaires, sans son casque le visage de Ron était plus expressif lorsqu'il regardait en direction de Lisa et de Brian.

– Si l'homme pouvait tuer d'un simple regard on serait déjà mort, dit Lisa en regardant Brian avec un regard rieur.

– Allez restons pas là, j'ai pas envie de me faire fusiller, dit Brian.

Chapitre 2
Une demande inattendue

Cela faisait déjà trois semaines que Brian était arrivé dans la région et déjà il avait ses habitudes matinales. Tous les matins, il se rendait au lycée en voiture en compagnie de Lisa qu'il allait chercher, elle n'habitait pas très loin de chez lui, il avait juste à faire un petit détour.

Ce matin là, n'était pas comme les autres, c'était le jour de la remise des copies d'un devoir surprise. Brian était stressé, mais il n'avait pas à l'être, Lisa, elle, avait eu du mal à s'endormir la veille, elle en avait fait des cauchemars toute la nuit. Sérieux comme ils étaient, aux yeux des autres, ils étaient sûrs d'avoir la moyenne au moins. Mais chacun d'eux avaient quelques doutes, ils ne se considéraient pas comme ayant la science infuse, donc comme tous les autres ils avaient l'estomac noué. Dans la classe aucunes mouches ne volaient lorsque le professeur d'histoire fit son entrée.

Il se dirigea vers le bureau et toisa la classe derrière ses petites lunettes de savant fou. Il sorti de sa serviette un paquet de copies. Tous les yeux étaient rivés vers ce tas qu'ils auraient bien fait disparaître, le professeur avec. Il fit d'abord l'appel afin de maintenir le suspens, il le voyait bien, ses petits élèves n'étaient pas dans leur assiette. Il bavassa quelques mots sur le niveau de la classe, comme partout il y avait du bon et du moins bon. Il se leva de sa chaise qui crissa sur le sol et prit le paquet tant redouté. Les copies étaient classées dans un ordre croissant. Il était exactement comme ces professeurs sadiques qui aimaient à humilier en quelque sorte les élèves les moins doués. La peur était d'autant plus grande que d'entendre son nom cité dans les premiers, et tous se mettaient à deviner quel allait être le prochain cité, et parfois même certains riaient. Mais ils riaient parce qu'ils étaient de la même bande, jamais quelqu'un d'extérieure n'oserait en faire autant sauf privilège des rois du ballon. Les premiers à rire, c'étaient ceux de la bande de footballeur, leurs noms étaient cités les premiers Ron n'y avait pas échappé. Cristale et ses copines étaient des élèves moyenne voir très moyennes. Par contre aucune surprise de voir la bande des intellos entendre leurs noms cité dans les derniers. Quant à la bande des « j'appartiens pas à un groupe » leurs noms étaient avant dernier et dernier. Ils n'étaient que deux dans cette bande. Lisa eu un A et Brian un A+. Comment le petit nouveau avait il pu les supplanter, se demandaient les « grosses têtes ».

Le prof lui, étaient agréablement surpris, il n'avait pas accueillit un attardé de plus, se disait il. Il procéda ensuite à la correction. Lisa fit un clin d'œil à Brian pour le féliciter. Ils s'échangèrent leur copie pour voir ce que l'autre avait répondu et comment il l'avait formulé. Dans le fond de la salle, ça pestait, ça jacassait, la jalousie les faisait se moquer. Moquer la réussite des autres c'était la meilleur. Cristale était forte à ce jeu là, Ron calma un peu ce passe-temps ainsi que les railleries de ses coéquipiers.

A peine la sonnerie retentit que tout le monde s'enfuyait. Le clan des populaires ne se gêna pas pour bousculer nos deux petits cerveaux. Zéro d'âge mental se disait Lisa. Ron lui avait été interpellé par le prof, il ne pouvait pas donc s'enfuir avec ses amis. Il les regarda partir en faisant sa tête des mauvais jours tout en rajustant son sac sur son épaule.

Dans le couloir, Lisa et Brian n'en revenaient toujours pas de la note qui leur avait été attribuée.

– Faut croire que nos révisions sur les gradins, ce n'est pas pour rien, dit Lisa en ramenant sa mèche derrière son oreille. Cette habitude était systématique.

– Ouais faut croire, fit Brian en haussant les épaules et en replongeant ses yeux sur la note inscrite au feutre rouge.

Ron passa devant eux, il avait l'air soucieux presque mécontent, cela avait peut être un rapport avec la discussion qu'il avait eu avec le professeur d'histoire. Ils le regardèrent passer se demandant bien ce qu'ils s'étaient dits.

Brian et Lisa se rendirent ensuite dans la cour à l'ombre de ce qui était devenu leur arbre, enfin lorsqu'il n'y avait pas déjà quelqu'un. Lisa regarda autour d'elle et confia à Brian qu'elle était pressée de se tirer d'ici, elle n'y avait pas de bon souvenir à part ses trois dernières semaines, elle s'y était faite un ami. Elle regarda Brian lorsqu'elle prononça ce mot. Au même instant l'interphone du lycée commençait à émettre du larsen, puis on entendit le son d'une voix, elle avertissait Brian qu'il était convoqué immédiatement dans le bureau du proviseur. A cette annonce, tous deux furent surpris. Brian prit la couleur de l'herbe sur laquelle ils étaient assis.

– Merde, moi qui avais enfin trouvé un ami, dit Lisa en rigolant.

Brian se leva et ramassa son sac, il passa ensuite instinctivement sa main au niveau des poches arrière de son jean délavé, afin d'enlever d'éventuel brins d'herbes clandestins.

Il rigolait également, mais il s'interrogeait sur ce qu'il avait bien pu faire pour avoir l'immense honneur d'être convié dans le bureau du proviseur. Il rassembla ses affaires et se dirigea vers l'administration en jetant un dernier regard à Lisa. L'inquiétude se lisait sur son visage, qu'avait il pu faire de mal se demandait-il en arpentant le couloir sombre de l'administration.

La secrétaire le reçu et informa le proviseur de sa

présence. C'était une femme d'âge mûr, certainement une figure incontournable du lycée, suffisamment âgée pour avoir connu certains parents des lycéens actuels.

– Ne vous inquiétez pas il ne va pas vous mordre, dit elle en le regardant avec un sourire qui faisait se friser son visage.

Brian sourit, il commença à se détendre. Elle lui faisait penser à une grand-mère qui voulait le rassurer. Il ne lui manquait qu'un biscuit.

Le proviseur ouvra la porte de son bureau, ce qui fit sortir Brian de ses pensées. Il était impressionnant de par sa carrure un peu bedonnante, il portait des petites lunettes qui cachaient à peine ses yeux malicieux, il avait l'air d'un joyeux luron. C'était le genre de personne à s'énerver seulement à l'occasion. Tout en pénétrant dans le bureau, Brian vit qu'il y avait quelqu'un d'autre, dont le dos était tourné à la porte. Il ne voyait pas vraiment qui cela pouvait être. C'est seulement lorsqu'il prit place qu'il vit que c'était Ron. Pourquoi était il convoqué en même temps que ce dernier, ils n'avaient rien à voir ensemble, ils ne se connaissaient même pas, seulement de vu et encore.

– Alors dit moi, tu t'es bien adapté à notre lycée, demanda le proviseur en s'adressant à Brian.

– Oui, ça va, dit Brian sous le regard de Ron callé dans son fauteuil et pas très à son aise.

– J'ai parcouru ton dossier scolaire et j'ai pu constater que tu étais très lié avec les A, dit le proviseur en souriant.

– On peut voir les choses sous cet angle, dit Brian en souriant tout autant.

C'était un sourire gêné, Brian n'aimait pas que l'on fasse l'étalage de ses aptitudes scolaires.

Il ne savait plus où se mettre cela aurait été mieux si Ron n'était pas là, pensait il à cet instant.

– Profitant que tu sois un bon élément, je voulais savoir si tu avais du temps à consacrer à notre ami Ron ici présent.

Ami c'était vite dit pensa Ron, et Brian également sinon plus.

– Du temps pourquoi exactement, demanda Brian un peu étonné par cette sollicitation.

– Comme tu dois le savoir, Ron est capitaine de l'équipe de foot, c'est un très bon joueur, mais scolairement il serait bien que tu lui apportes quelques unes de tes connaissances, afin qu'il ne soit pas que bon dans le foot, mais bon un peu partout. Ma politique c'est que le sport c'est bien, mais le cerveau se vaut également.

Quand Brian ne soutenait pas le regard du proviseur lorsqu'ils se parlaient, il jetait un coup d'œil autour de lui. Le bureau du proviseur n'était pas bien grand, presque intimiste. Le mobilier était pauvre, un bureau et une armoire en fer voilà ce qui meublait l'espace presque exigu. Brian avait noté une potée fleurie sur le rebord de la fenêtre, le proviseur avait il la main verte ? A cette réflexion Brian compris qu'il s'était détendu au point de penser à autre chose tandis que le proviseur s'adressait à lui.

– Je serais en somme un genre de tuteur scolaire, demanda Brian peu sûr de lui lors de la prononciation de ses mots.

Cette hésitation décocha un sourire au proviseur.

– Tuteur exactement, il faut que tu remettes cette pousse la plus droite possible, afin qu'elle puisse voir sortir ses fleurs.

Ron leva les yeux au ciel en pensant intérieurement qu'il n'avait que faire d'un tuteur scolaire. Sur sa chaise il serrait des poings, l'absurdité de cette réunion l'agaçait au plus haut point.

Brian souriait intérieurement à cette métaphore. Comparer Ron le colosse à une petite pousse était assez amusant.

– D'accord, je peux lui consacrer un peu de temps.

Le proviseur ravi de cette réponse se tourna vers Ron en posant ses mains jointes sur la paperasse qui cachait son bureau.

– Parfait, qu'en dis tu Ron, demanda le proviseur en tressautant dans son fauteuil en cuir noir.

Ron se redressa pour répondre, il était peut être nul en classe, mais avait de bonnes manières.

– Si ça peut aider à quelque chose, dit Ron peu enthousiaste par ce revirement de situation.

Le proviseur ne se formalisa pas sur le débordement de joie de Ron, c'était un jeune, difficile qu'il soit emballé pour travailler.

Il espérait néanmoins que cette collaboration

permettrait à Ron de s'en sortir en dehors du monde sportif, même s'il était doué, il ne serait pas à l'abri d'une blessure dans le futur qui l'obligerait à tout arrêter, Ron aurait alors au moins un bagage, une corde de plus à son arc.

Ron et Brian sortirent du bureau sous le regard bien veillant de la secrétaire. Ron ne desserrait pas la mâchoire, il lui dit au revoir d'un hochement de tête. Cette réunion l'avait fait se sentir si petit. Il n'était pas du genre à demander de l'aide lorsqu'il était en difficulté, mais là on l'y avait un peu forcé et il devait s'y plier. De son côté Brian, se demandait ce qu'il allait bien pouvoir faire avec son « élève », il n'avait jamais été de manière officielle un soutien scolaire et en plus sur la demande expresse d'un proviseur. Il avait l'habitude de donner un coup main, mais pas de véritable soutien. Ron semblait être une forte tête, cela n'allait pas être une mince affaire. Et puis, il aurait toujours de bonnes raisons pour ne pas l'écouter, c'est vrai il n'avait pas de réelle autorité à laquelle Ron devrait s'y conformer. Brian ne voyait que les difficultés, et pensait que Ron ayant l'habitude d'être le meneur ne se laisserait pas facilement mené, il se braquerait certainement.

– Il faudrait qu'on s'organise, dit Brian en marchant dans le couloir.

– Ça doit te faire plaisir, tu dois te sentir supérieur, fit Ron en regardant droit devant lui.

Il regardait en direction de la sortie, la lumière blanche du soleil au loin était tout ce qu'il voyait. Il pressa son pas sans s'en rendre compte, il voulait oublier ce qui s'était dit dans le bureau.

Les prévisions de Brian s'étaient confirmées, Ron allait être difficile à gérer. Il ne comprenait pas pourquoi Ron lui disait cela, peut être était il victime de son amitié avec Lisa ?

Brian accéléra son pas afin de rester à sa hauteur.

– On m'a demandé de t'aider et pas de t'enfoncer, alors si tu veux on fixe un programme pour travailler, répondit Brian à ce qui pouvait passer pour un complexe d'infériorité.

Ron s'arrêta brusquement et posa sa main sur l'épaule de Brian afin de le freiner.

– D'accord, mais c'est moi qui fixe les règles, dit il en appuyant son index sur la bretelle du sac de Brian.

Ce dernier jeta un œil sur ce geste t'intimidation, et regarda Ron droit dans les yeux l'air de lui faire comprendre qu'il n'était pas intimidable.

Et voilà, une fois de plus il se positionnait en leader, c'est lui qui imposait et les autres n'avaient qu'à le suivre. Pourtant, il n'était pas en mesure d'imposer, mais Brian le laissa s'exprimer.

Ron voulait que leur collaboration ne fasse pas le tour du lycée, il ne voulait pas passer pour un élève en difficulté aux yeux de tous ceux qui l'admiraient. Il voulait déguiser cette collaboration en une perte de pari dont l'enjeu pour le perdant était de faire les devoirs de l'autre si jamais cela venait à se savoir. Brian trouva ceci un peu tiré par les cheveux, mais Ron était du genre à parier à longueur de journée sur tout et n'importe quoi. Il accepta, il connaissait la vérité et sa réputation il s'en fichait. C'est donc dans le hall de l'administration que l'affaire s'était réglée. Ils avaient prévu de se voir pour travailler après chaque entraînement, et juste après les cours les jours où il n'y avait pas entraînement. Et aussi le mercredi après midi, et les week-ends si nécessaire. L'endroit proscrit pour travailler était bien sûr le lycée, mais aussi la bibliothèque municipale même si celle ci était rarement fréquentée par les gens du lycée. Ron n'avait pas les cartes en main, mais il était d'une exigence consternante. Il rajusta son blouson rouge et crème avant de quitter le bâtiment. Il somma Brian d'attendre dix minutes avant d'en sortir, il était hors de question de se montrer ensemble pour ne pas éveiller de soupçons.

Après que le temps qui lui était imparti soit écoulé, Brian rejoignit Lisa, qui resta étonnée après ce que Brian lui avait annoncé.

Lisa se tenait debout le dos recourbé comme si le ciel venait de lui tomber sur la tête. Elle se tenait le menton en essayant de comprendre ce qui se passait.

– Tu vas l'aider à faire ses devoirs, demanda-t-elle surprise.

– Baisse le volume, il ne faut pas que ça se sache, murmura-t-il, il posa une main sur son épaule et la guida pour s'assoir auprès du tronc d'arbre auquel elle s'adossa.

Lisa était sidérée et amusée à la fois, Brian allait

infiltrer de manière assez clandestine le monde de la superficialité. Tout en le briffant un peu pour ne pas qu'il l'oubli, elle ramassait ses cheveux à l'aide d'un élastique. Brian la regardait faire en se disant qu'elle avait un très beau visage, des traits fins et de beaux yeux gris. Ils étaient morts de rire à l'énonciation de cette bêtise, Lisa la première, elle avait un joli rire que Brian avait su faire plus présent. Lisa était rassurée sur le fait qu'ils allaient malgré tout continuer à travailler ensemble sur les gradins. L'arrivée de Brian lui avait apporté un nouveau souffle.

La collaboration cachée allait prendre effet cet après midi même, il n'y avait pas d'entraînement, pour un premier contact cela était plutôt idéal. La maison de Ron se situait dans les écarts de la ville. C'était une immense propriété, la maison à elle toute seule devait faire plus de sept cent mètre carré, Brian était bluffé par une telle immensité. L'architecture de la maison était en bois épais, il a du falloir décimer toute une forêt. Ce n'était pas un jardin qui l'entourait, mais plutôt un parc tellement il y avait d'hectare. Il y avait des jardiniers qui s'y afféraient. Brian gara son auto juste derrière celle de Ron, il l'avait suivit en voiture, ils avaient été discrets. L'intérieure de la maison était d'un luxe que Brian n'avait jamais vu. Ron lui était blasé, depuis le temps qu'il y vivait. Depuis les premiers jours de sa naissance jusqu'à maintenant, il avait une cuillère en argent dans la bouche, l'argent c'était tout ce qu'il connaissait. Ses parents étaient dans les affaires et toujours en déplacement. Pour résumer, Ron était fortuné. Il vivait la plupart du temps seul, ses parents ne faisaient que passer entre deux avions. Pour ainsi dire il avait été élevé par les employés de la maison.

Ron passa d'abord dans la cuisine pour se préparer quelque chose à manger, il proposa une pause sandwich avant d'aller travailler. La cuisine faisait au moins la moitié de la maison de Brian. Elle était toute équipée du sol au plafond, tout était high tech. Ils mangèrent sans échanger, Ron était silencieux presque mystérieux. Seul le craquement des chips au goût barbecue se faisait entendre, ils s'échangèrent des regards furtifs, mais pas un mot. Ron épousseta les miettes tombées sur son blouson, avant d'ouvrir une bouteille de cola. Le bruit de l'échappement du gaz brisa le silence religieux installé dans la cuisine, silence qui les avait suivit de la voiture jusque dans la maison. Il servit Brian et se servit ensuite. Il but son verre d'une traite et attendit que Brian ait terminé le sien. D'un mouvement de tête il fit comprendre à Brian qu'il fallait le suivre.

Ils se dirigèrent dans sa chambre, elle était immense on aurait dit une suite. La porte donnait d'abord sur un coin salon, il y avait un canapé turquoise avec devant lui une table basse. Sur le mur auquel il faisait face, il y avait un écran plat d'assez grande taille de suspendu, juste au dessous il y avait un meuble sur lequel était entreposés lecteur DVD et plusieurs consoles de jeu. Le parquet était habillé de tapis. L'autre côté de la pièce se situait à deux marches de hauteur, il y avait un grand lit et un grand placard encastré. La couleur des murs était d'un gris bleuté, Brian ne savait pas trop quel ton exactement, peut être de l'ardoise, cela donnait un côté sophistiqué à la pièce. De la lumière il y en avait, chaque partie comprenait une immense bais de fenêtre encadrée par des rideaux blancs et crème, devant laquelle il y avait une banquette. Entre ces deux banquettes, il y avait un bureau sur lequel, un ordinateur portable dernier cri était en train de télécharger illégalement des fichiers pour sa consommation personnel. La chambre devait faire plus de quarante mètre carré et possédait des équipements de plusieurs milliers de dollar. Elle ressemblait d'avantage à un loft qu'à une chambre normale. Pas étonnant que Cristale sorte avec lui, se fit pour réflexion Brian.

Ron enleva enfin son blouson qu'il ne quittait pas de la journée, Brian découvrir alors un polo bleu grisé, porté un peu prés du corps comme à la dernière mode. C'était incontestablement un athlète, le polo dessinait chacun de ses muscles qu'il cachait.

Il était temps de se mettre au travail, Brian ne voulait pas rentrer trop tard. Ron s'installa sur son lit, c'était là qu'il avait l'habitude de travailler. Affaler sur le flan il commença à ouvrir son livre. Brian à côté du bureau le regardait tout en pinçant les lèvres en signe de contestation. Ron compris à son air que quelque chose ne lui convenait pas. Il se redressa et pris enfin la parole.

– Qu'est ce qu'y a ?

Brian gêné cherchait les mots qui ne le vexeraient pas.

– Le bureau se serait mieux, fit il en passant le doigt dessus.

Ron s'exécuta dans un grand soupire qui ne cachait pas son mécontentement. Brian n'en avait rien à faire, c'était lui le professeur particulier, Ron n'avait qu'à s'y plier. Et miracle, il s'y plia même si sa tête affichait le contraire. Ron le narguait de sa grandeur, il avait au moins une tête de plus que Brian. Il déplaça son portable afin de se faire une petite place. Brian lui demanda par quoi il voulait commencer, Ron haussa les épaules, il ne savait pas et ne voulait pas savoir. Brian suggéra la géographie pour un début en douceur et aussi pour voyager un peu. L'Asie était au programme, l'économie, l'agriculture, la situation climatique, le mode de vie. Il posa quelques questions générales sur cette partie de la planète, les chinoises sont très jolie lui fit Ron pour réponse. Brian comprit à cet instant que faire travailler Ron n'allait vraiment pas être une mince affaire. Il décida d'aborder son travail avec lui comme un dressage de chien. A chaque bonne réponse, Ron aurait droit à une récompense qui se traduirait par minute de jeu vidéo après chaque cours étudié, histoire de faire une pause. Pour aujourd'hui Ron n'eu droit qu'à deux minutes de pause entre chaque cours. Mais bon il savait que Brian parti, il aurait tout le loisir de s'y adonner. Toutefois pour une première fois, leur collaboration semblait prometteuse. Loin de l'influence de ses copains, Ron faisait moins le malin et jouait à un nouveau jeu. Bientôt peut être il le jouerait pleinement. Brian n'espérait qu'une chose, que Ron puisse arriver le plus possible à retenir les cours afin d'avoir plus de minutes pour jouer à la console, activité quand même plus amusante.

Ils finirent de travailler vers dix huit heures. Brian rassembla ses affaires et félicita Ron pour ce qu'il avait fait, il lui aurait bien donné un susucre, mais il n'en avait pas sur lui. Ron était assez satisfait de ce qu'il avait fait également, il avait juste besoin d'être encadré et motivé pour pouvoir travailler.

Brian rentra chez lui où ses parents l'attendaient pour dîner, Ron lui, resta dans sa grande maison seul avec lui-même et son plateau télé, plus tard il aurait une visite nocturne de Cristale.

Brian reçu un coup de fil après dîner, c'était Lisa, elle voulait savoir comment son calvaire s'était passé. Il lui raconta les grandes lignes et surtout celle de la maison. Il avait su amadouer un peu Ron, mais il n'en espérait pas plus. C'était un gosse de riche qui pouvait tout acheter alors son avenir était tout tracé, le strict minimum c'était ce à quoi il s'attendait. Après avoir raccroché, il regarda sa chambre, elle était vraiment minuscule par rapport à celle de Ron.

Chapitre 3
Des rapports plus détendus

Le lendemain au lycée, c'était comme si rien ne s'était passé, Ron et Brian ne s'adressèrent pas la parole, même pas un regard. Lisa était amusée d'être la seule à savoir ce qu'il se passait. Pendant les cours Ron avait été interrogé, et à la surprise générale, il ne s'était pas trompé. Brian souriait, Lisa, elle, lui fit les grands yeux qui disaient « bravo professeur », elle leva le pouce de la victoire également. Brian étouffa ses rires dans son livre. Lisa ne ratait pas une occasion pour se moquer de lui à présent.

Au réfectoire, rien n'avait changé, tout comme la bouffe que l'on servait, Brian et Ron étaient de parfaits inconnus et Lisa s'en amusait toujours.

– Quel connard n'empêche, il aurait pu venir te saluer.

Lisa trillait les oignons dans la salade qu'elle avait prit en entrée. Les oignons étaient selon elle un tue l'amour, impossible d'aborder une personne avec une haleine empestant l'oignon cru.

– Et pourquoi faire, demanda Brian d'un ton ne laissant transparaître aucune contrariété.

– Et pourquoi pas, répondit Lisa avec son air de ne pas croire en ce qu'elle disait.

Elle fit soudain la grimace, un morceau d'oignon avait échappé à son service d'ordre. Brian ne pu s'empêcher de rire à la tête qu'elle faisait.

– Au lieu de te focaliser sur quelque chose qui n'en vaut pas la peine, occupe toi de tes oignons, lança Brian en rigolant.

Lisa fit des simagrées pour réponse et bu ensuite le jus qu'elle avait pris afin d'atténuer le goût désagréable qu'elle avait en bouche.

Après les cours, directions les gradins. Entre deux relectures, ils partageaient leur avis sur un sujet qui leur passait par la tête, mais revenait surtout sur le sujet du moment.

– Et donc ce soir après l'entraînement tu vas le faire travailler, demanda Lisa tout en tapotant son crayon contre son menton.

Brian ne pris même pas la peine de quitter son livre des yeux. Il tournait les pages à la recherche de celle qu'il avait repéré plus tôt dans la journée.

– Ouais, répondit Brian résigné.

– Waouh, tu vas rentrer tard alors, quel courage, pour un gars qui n'en vaut pas la peine, dit elle en regardant Ron qui courrait sur le terrain.

Brian leva enfin la tête à la recherche du regard de Lisa qui était dirigé ailleurs. Il en fit tout autant et ses yeux se braquèrent alors sur Ron en pleine accélération, ballon en main.

– Je ne peux pas le laisser tomber, surtout au bout de la deuxième fois, et puis je n'ai pas trop le choix, le proviseur qui compte sur moi.

– Si t'as pas la médaille d'honneur je me fais castrer, dit elle en rencontrant enfin le regard de Brian.

Suite à cette réplique leurs éclats de rire se firent entendre jusque sur le terrain, ce qui attira l'attention des joueurs et des autres personnes. Ils ne savaient plus où se mettre. Cristale les snobait du regard, elle ne semblait pas être au courant de ce qui se passait, elle était trop occupée à se manucurer et à se brushinguer.

Après que les joueurs soient entrés dans les vestiaires pour se doucher, Brian se rendit toujours chez Ron. Il poirota une heure, avant que ce dernier n'arrive à vingt heures. Ron s'excusa, il ne pouvait pas faire faux bon à ses amis, ils avaient l'habitude d'aller bouffer ensemble le jeudi après s'être entraînés.

– Tu aurais pu me prévenir, dit Brian.

Ron haussa les épaules.

– J'n'ai pas ton numéro, lui fit il pour réponse.

– Ok, mais t'avais toute la journée pour m'en informer, dit Brian agacé d'avoir perdu son temps.

– Désolé, répondit Ron d'une petite voix et en baissant presque les yeux comme un enfant qui venait de faire une bêtise.

– Plus vite je te ferais travailler, plus vite je pourrais rentrer, répondit Brian fatigué de l'avoir attendu.

Ils allèrent directement à la chambre et Ron se concentra tout aussi vite, il se sentait fautif. Pendant qu'ils discutaient du thème abordé, l'estomac de Brian se fit entendre, il était déjà vingt une heure trente et il n'avait encore rien mangé.

– Tu veux quelque chose à manger, demanda Ron.

– Non.

Mais son n'estomac ne l'entendait pas de cette oreille et se fit de nouveau entendre.

Ron se retourna de nouveau vers lui avec cette fois ci un sourire. Le premier sourire complice qu'il fit à Brian depuis leur rencontre.

Il lui dit alors d'aller à la cuisine et de mettre quelque chose au micro-onde, lui il resterait là pour terminer ce qu'il avait à compléter. Brian s'exécuta et alla manger.

Il y avait du choix dans le réfrigérateur à l'américaine. Après plusieurs hésitations, il prit des lasagnes qu'il enfourna. Il partit ensuite à la recherche de couverts, il ouvra les tiroirs les uns après les autres, le bruit métallique que fit l'un d'eux avait mis fin à sa recherche, les fourchettes et couteaux s'y trouvaient. Pour l'assiette il n'eut pas de mal à en trouver, il prit l'une de celles qui étaient posées sur l'égouttoir en bois. Il alluma ensuite le poste de télé et mangea en compagnie des clips diffusés sur la chaîne musicale. Pas trop mal comme surgelé, se disait-il.

Ron descendit le rejoindre avec son travail à la main. Il le donna à Brian pour qu'il le vérifie. Pendant ce temps, il reposait ses yeux sur l'écran, tout en piochant dans l'assiette de Brian. C'était une habitude de manger tout ce qui traînait à sa portée. Brian le regarda l'air de dire « mais qu'est ce que tu fais ». Ron s'excusa.

– Pas grave tu peux les finir même si j'avais pas terminé.

Décidément ce soir Ron avait tout faux, sauf pour ses devoirs, apparemment il travaillait bien lorsqu'il culpabilisait. Vingt deux heures trente, il était l'heure pour Brian de rentrer, sa mission du jour était terminée.

– Ton numéro au cas où, demanda Ron avec un sourire.

Brian l'écrivit sur le bord d'une feuille. Puis, il monta dans la chambre pour récupérer ses affaires. Il quitta ensuite la maison laissant Ron devant le poste de télévision, une fois encore il serait seul. Cristale était privée de sortie pour avoir massacrer les cheveux de sa sœur qui lui avait piqué son gloss. D'habitude c'était elle qui lui tenait compagnie dans cette grande maison vide.

La semaine suivante, Ron et Brian avaient convenu de se retrouver chez ce dernier pour travailler le jeudi. Brian ne voulait plus prendre le risque de poiroter. Ron arriva après que Brian et ses parents aient terminés de dîner. C'était à son tour de découvrit la maison de son « professeur ». Rien de comparable avec la sienne, elle était moyenne et chaleureuse. Il fit la connaissance de ses parents. Ces derniers étaient peu habitués, voir pas habitués du tout, à ce que Brian amène sous leur toit un camarade de classe capitaine de l'équipe de foot. Brian ramenait rarement des gens à la maison. Dans son ancienne ville, ils n'avaient vu que deux personnes et juste pour quelques minutes. Il voyait bien en cela le rôle du proviseur.

Brian emmena ensuite Ron dans sa chambre qui était loin d'être une suite, impossible d'y faire tenir un canapé. Il y avait tout juste un lit deux places, un chevet, un bureau, une étagère et un placard. Brian avait terminé son travail depuis longtemps, ce soir il allait juste superviser Ron qui prenait place à son bureau. Pendant que Ron bûchait, Brian était allongé sur le lit avec son mp3 dans les oreilles. La chambre était silencieuse, Ron travaillait et Brian rêvassait. Après avoir terminé le premier cours, Ron demanda à Brian où était sa console, il avait gagné le droit de se détendre cinq minutes. Brian lui dit alors qu'il n'avait qu'une télé en panne dans sa chambre et qu'une console n'aurait servi à rien.

– Et comment je fais pour me détendre, demanda-t-il atterré par la nouvelle.

– Ça fait des années que tu te détends, tu peux bien faire sans pour une fois.

Ron sourit à la pique qu'il venait de recevoir en pleine face.

– Je sais pas quoi te proposer pour te divertir, dit Brian en regardant autour de lui, tu veux peut être que je te passe mon mp3, demanda-t-il ensuite en haussant les sourcils.

– Non, j'ai quelque chose de plus intéressant, dit Ron avec le sourire, on va jouer au jeu de la vérité, je te pose des questions et t'es obligé de me répondre.

Brian leva les yeux au ciel, tandis que Ron s'impatientait sur sa chaise avec un large sourire.

– Si ça t'amuse, mais bon te plaints pas si j'ai pas grand-chose à dire, dit Brian saoulé à cette simple idée. Il se cala contre les oreillers histoire d'être confortablement installé pendant qu'il prendrait son mal en patience.

Ron demanda à Brian comment était sa vie avant de venir ici, si ses amis ne lui manquaient pas trop, si il n'avait pas du laisser de petite amie. Brian souriait à chaque énoncé des questions. Il y répondit en toute franchise. Sa vie avant de venir ici était toute tranquille, il n'avait pas besoin de servir de soutien scolaire, d'amis il n'en avait pas beaucoup et puis les amitiés du lycée ce n'est jamais fait pour durer, et de petite amie il n'en avait pas laissé.

– De petit copain alors, demanda Ron charrieur.

Brian pencha sa tête sur le côté droit et la balança en souriant. Il repensa alors à Greg Fisher un mec qu'il avait rencontré l'année dernière. Ce n'était pas une grande histoire, elle dura à peine quelques mois, il avait finit par le quitter pour incompatibilité de caractère.

– Pas de petit copain non plus, dit Brian en souriant.

Ron croisa mains et jambes tout en se balançant sur la chaise.

– Lisa et toi vous êtes ensemble, demanda Ron curieux de savoir la réponse.

Cette question fit sourire Brian, un jour ou l'autre il savait qu'elle arriverait. Sa mère déjà n'arrêtait pas de faire des allusions, les gens au lycée devaient certainement se faire aussi des idées.

– Lisa et moi on est ensemble autant que toi et moi, répondit Brian.

Pas de doute sur la réponse Lisa et Brian n'étaient que de simples amis qui simplement ne se lâchaient pas d'une semelle.

Ron n'abandonna pas pour autant le sujet dans lequel il s'était lancé.

– Et y a quelqu'un qui te plaît au lycée ?

Brian souriait à la ténacité de Ron. Pourquoi la vie sentimentale des autres est une préoccupation pour un grand nombre de gens, se demandait Brian.

– Les cinq minutes sont écoulées, retourne bosser, dit il en s'allongeant et en remettant ses écouteurs.

Ron n'était pas satisfait, il n'avait pas eu de réponse. Il fit pivoter la chaise et retourna travailler. Il essaya de faire au mieux afin d'avoir plus de temps pour le jeu de la vérité. Brian se releva ensuite, il regarda un instant Ron au bureau qui travaillait avec un air tellement sérieux sur son visage. Personne d'autre que lui seul n'avait travaillé sur ce bureau et voilà que Ron y était. Il se mit à sourire et se rallongea et s'assoupit. Ron lui balança une boule de papier pour lui dire qu'il avait terminé. Le réveil affichait vingt trois heures. Après avoir remis ses idées en place, Brian procéda à la vérification, il avait tout bon. Ron avait gagné le droit de jouer, à sa grande déception.

– Y a quelqu'un qui t'intéresse au lycée, demanda à nouveau Ron accoudé au bureau.

– Non, je ne l'ai pas encore vu.

Ron jouait avec la gomme en la faisant rouler de ses doigts.

– Tu ne craques pas sur Cristale, demanda-t-il le regard en coin.

Brian été ébahi par sa question.

– Sur Cristale, ta petite amie, s'exclama-t-il comme si cela était un affront.

– Oui, fit Ron en posant ses avants bras sur ses cuisses.

– Tu veux vraiment la vérité ?

Ron hocha la tête pour lui dire qu'il voulait effectivement la vérité.

Brian inspira et ne prit pas de gants pour répondre à la question.

– Cristale est le stéréotype même de la fille superficielle qui ne pense qu'à elle et qui n'irait pas bien loin si elle n'avait pas le physique qu'elle se force à avoir, ce n'est pas du tout ce qui m'intéresse.

Ron avait les yeux éberlués par ce qu'il venait d'entendre, il se redressa pour digérer cette franchise qu'il n'avait pas l'habitude t'entendre.

– Je ne sais pas si je dois te casser la gueule ou être d'accord avec toi.

Ron le regardait tout en faisant craquer ses doigts.

Brian le regarda l'air de dire « tu ne me fais pas peur » ainsi peut être Ron serait impressionné et ne tenterait rien de répréhensible envers lui.

– Et de moi tu penses quoi, demanda Ron encore plus curieux.

Les bras croisés, il attendait la réponse, qui allait elle, être aussi franche.

– Que tu es un connard qui demande à changer, à s'améliorer et qui y arrive, dit Brian en protégeant son visage à l'aide de ses mains.

Ron se mit à rire. Il n'allait pas le frapper, il ne risquerait pas de perdre l'occasion d'améliorer son niveau scolaire.

– Je ne sais pas si je dois te casser la gueule ou t'embrasser, dit Ron en rigolant.

Assis sur son lit couleur savane, Brian commençait à avoir quelques signes de fatigue. Une fatigue due non pas au jeu des questions, mais à l'heure tardive de la nuit.

– Être ou ne pas être, là est la question. Je te propose d'y réfléchir calmement et de garder ta décision pour la fois prochaine, il est temps de rentrer chez toi.

Il raccompagna Ron jusqu'à la porte d'entrée, puis alla prendre une douche pour ensuite aller se coucher. Allongé dans le confort de son lit, il repensait à Ron sans trop savoir pourquoi. Une chose était sûre, Ron commençait à prendre forme dans ses pensées. En fermant les yeux ce soir là, il le vit, une brève image, comme si c'était la dernière chose que sa mémoire visuelle avait retenue.

Chapitre 4
L'invitation

Les semaines passèrent et Ron faisait d'énormes progrès. Il arrivait à se tenir à la moyenne, les professeurs étaient stupéfaits et le proviseur était satisfait. Brian lui était ravi que Ron s'en sorte si bien, c'était un peu grâce à lui. Lisa le félicitait et se moquait de lui à chaque fois, lui disant qu'il aidait l'ennemi. L'ennemi n'était pas si différent d'eux en fait, il voulait s'en sortir, mais avait choisit une autre voie plus proche du spectacle que de la discrète place des coulisses. A l'occasion d'une énième collaboration, Ron remercia Brian pour ce qu'il avait fait de lui et pour lui.

– Je ne l'ai pas fait pour toi, je l'ai fait pour le proviseur, dit Brian installé sur la banquette.

Brian avait toujours des réponses cinglantes pour Ron, qui s'y était habitué depuis le temps qu'ils se fréquentaient, ce n'était pas la première fois qu'il se faisait mettre en boîte. Jusqu'à présent ils avaient su garder le secret de leur collaboration, même Cristale n'était pas au courant, elle était bien trop occupée à le tromper avec un des membres de l'équipe, lui il travaillait et ne se rendait même pas compte de ce qui se passait sous son nez.

Assis à son bureau Ron tapotait son crayon sur un livre.

– Samedi soir, j'organise une fête, ça te dit de venir avec ton amie, demanda-t-il à Brian.

Brian sortit le nez de son bouquin. Avait il bien entendu, se demandait il.

– Une fête, et tu m'invites… Lisa et moi, tu n'as pas peur que l'on te pose des questions, demanda Brian étonné par cette invitation.

Ron arrêta de jouer avec son crayon et regarda Brian droit dans les yeux.

– Tu sais, c'est le genre de fête où il y a plein de monde et puis transparent comme vous êtes on ne saura même pas que vous êtes là, fit Ron pour réponse.

Brian n'avait pas le monopole de la réplique cinglante. Il sourit à cette pique qu'il avait mérité. Il lui dit qu'ils seraient des leurs, mais pensa intérieurement qu'il lui fallait convaincre Lisa.

– Mets toi au travail au lieu de penser à la fête.

Ron s'exécuta sans broncher comme un parfait petit soldat. La lumière de la lampe du bureau qui lui éclairait le visage attira le regard de Brian. Quelque chose se dégageait de lui quand il travaillait. Brian se surprit à le trouver mignon, ses petits yeux marrons à la couleur de ses cheveux gominés, lui donnaient un air charmant. Son visage si concentré avec ce regard attentionné, lui donnait une toute autre dimension, une dimension qui plaisait à Brian. Ron à la carrure impressionnante avait à cet instant une certaine douceur dans son expression loin de celle du fanfaron qu'il était au lycée.

Sentant un regard posé sur lui, Ron leva la tête en direction de Brian.

– Arrête de me regarder.

Surpris en flagrant délit, Brian ne se démonta pas.

– Mais je ne te regarde pas, répondit il.

– Ne ment pas je te vois sur le côté.

– Je te regarde travailler, c'est différent.

– Je croyais que tu ne me regardais pas, fit Ron en se calant dans sa chaise de la façon la plus décontractée possible, afin de montrer à Brian qu'il l'avait pris en flag.

– Je ne te regardais pas de la façon à laquelle tu penses, fit Brian pour s'en sortir.

– Je ne te fais aucun reproche je sais ce que c'est. J'ai l'habitude. Je te plait… je plais à tout le monde de toute façon.

Brian soupira de soulagement et de consternation, qu'est ce qu'il ne fallait pas entendre se disait il.

– T'as pas la tête qui enfle toi ?

Ron pencha légèrement la tête en arrière faisant mine de réfléchir.

– Non, mais si tu continues à me regarder mon autre tête pourrait enfler.

Brian eut un sursaut d'étonnement.

– Je ne suis pas Cristale, dit il ensuite.

Ron redevint sérieux.

– D'ailleurs ça fait un bail que je ne l'ai pas vu celle là, dit il avec un soupir.

– Problème de couple ?

– Non, c'est juste que j'ai mes devoirs à faire, dit il en regardant méchamment Brian avant de sourire, il reprit, je ne la vois que les week-ends. Et toi alors toujours personne ?

– Toujours personne.

Ron resta perplexe.

– Y a personnes dans ce bahut qui te plais ?

Brian passa en revu dans sa tête les gens susceptible de lui plaire, il n'y avait personne. En fait, il n'y avait personne d'autre que Ron. Physiquement ce dernier avait tout pour lui plaire, mentalement il commençait à l'intéresser. Travailler avec Ron lui fit voir une autre facette, celle qu'il n'avait pas droit, pas au lycée. Ron avait ses traits de caractères avec ses amis. Une ignorance réciproque était le comportement qu'ils avaient choisi ou plutôt que Ron avait choisit. Brian s'y accommodait, et puis, il avait Lisa, sa seule véritable amie. Brian savait très bien qu'entre Ron et lui, il n'y avait pas d'amitié. De la sympathie certainement, mais de l'amitié non.

Ron le regardait réfléchir et attendait

impatiemment une réponse.

– Alors, fit il d'un ton agacé d'attendre.

– Et bien personne, répondit Brian en soutenant son regard.

Evidement il mentait. Ron n'y croyais pas à ce « personne », Brian avait eu une petite lueur dans le regard lors de sa réflexion.

– Tu mens, j'ai vu ton œil briller, c'est juste, que l'on n'est pas assez pote pour me mettre dans la confidence.

Ron avait raison, Brian n'était pas prêt à partager avec lui une partie de sa vie, ils n'étaient pas pote au point de se faire des confidences.

– Si tu le dis.

– Oh oui je le dis !

Ron replongea aussi sec sa tête dans ses cahiers.

Brian se mit sourire, Ron avait parfois des réactions si loin de lui, il semblait être vexé, il voulait à tout prix être dans la confidence.

– C'est qui ? Je te promets de le dire à personne, insista de nouveau Ron avec le regard quémandant en plus.

– Bon Ok, puisque tu insistes, dit Brian en soupirant.

Ron écarta grand ses yeux et surtout ses oreilles, il rapprocha même sa chaise à roulette près de la banquette qui dans son déplacement émettait des petits bruit de roulement familier. Leur visage était alors à cinquante centimètre l'un de l'autre. Le visage de Ron se reflétait dans les yeux de Brian, et vice versa. Le voyant de si près, Brian se dit que Ron était vraiment beau, et qu'il lui était impossible de nier son attirance naissante pour ce garçon aux yeux marron.

– C'est toi, répondit Brian.

– T'es con, je croyais que tu allais vraiment me le dire, garde ton amour secret pour toi, tu me retarde dans mes devoirs !

D'un geste de ses pieds, Ron ramena la chaise là d'où elle était partie.

Brian alla dans le canapé, il était d'une part soulagé d'avoir avoué la vérité, mais avant tout soulagé que Ron n'y ait pas cru. A partir de maintenant, il devrait se contrôler pour ne plus montrer son attirance naissante.

Ron jeta ensuite un coup d'œil vers le canapé.

– Arrête de me regarder.

Brian prit un coussin et le lui balança au visage.

– Arrête de me regarder, lança-t-il après.

Ron se pencha à nouveau sur ses devoirs avec un sourire satisfait d'avoir taquiné Brian.

Le jour suivant…

– Quoi, cria Lisa.

Brian était aller la voir chez elle, avec un peu de chance dans son milieu naturel elle se laisserai convaincre, il avait même apporté ses gâteaux préférés. La chambre de Lisa était de la même taille que celle de Brian, une configuration des meubles presque similaire, elle était rangée, mais pas trop. La seule différence notable provenait des couleurs. Lisa adorait le mauve et le vert d'eau. Papier peint et linge de lit reprenait ces couleurs. Une vraie chambre de fille, pensait Brian.

– C'est génial, cria-t-elle à lui percer les oreilles.

– Quoi, mais je croyais que tu détestais tout ça.

– Depuis le temps que je rêve d'être invité à ce genre de fête, cria-t-elle encore sous le coup de l'émotion.

Lisa qui les détestait tant, n'était pas du genre à cracher sur l'invitation à l'une de leur soirée, elle n'y allait pas pour être vu avec eux, mais pour être de la fête. Elle se demandait déjà ce qu'elle allait bien pouvoir mettre. Elle ouvrit sa penderie et sortit toutes ses fringues et demanda à Brian de l'aider à faire un choix. Robe ou jean était son cruel dilemme pour la soirée du week-end. Brian resta étonné par ce brusque retournement de situation, Lisa était contente d'aller à une fête, ça se fête se disait elle. Il y aura des garçons, c'est l'occasion ou jamais pour ne pas être pris pour une poubelle se disait elle.

Le jour tant attendu par Lisa était enfin arrivé, il y avait déjà beaucoup de monde, il fallait trouver une place où stationner, les terrains vagues tout autour de la propriété allaient servir de parking improvisé. De l'extérieur la musique promettait une soirée pleine d'ambiance. Lisa avait dénichée une petite robe pour l'occasion, elle était toute simple, de couleur noir et quelques petites paillettes pour être dans l'atmosphère de la fête. Brian était simplement habillé d'une chemise noire et d'un jean. Tout en se dirigeant vers la maison, ils observaient les autres gens de leur âge en train de boire sous la lumière artificielle des luminaire et des torches plantées un peu partout, certains même vomissaient derrière les jars. Bien qu'il était encore tôt, vingt deux heures, certains avaient déjà bien entamé la soirée.

En entrant à l'intérieur, il y avait du monde dans tous les recoins, tous n'étaient pas du lycée, certains venaient de la ville d'à côté, ils avaient entendu parler d'une soirée et ils étaient venus squatter. Brian avait horreur de ça, organiser une fête ou des inconnus tapaient l'incruste était une chose qui le rebutait. Ces gens qui ne viennent pas pour vous, mais par intérêt étaient tout ce qu'il détestait. A ces grandes soirées, il préférait les petits comités au moins là, il savait où il allait.

Difficile de trouver Ron parmi la foule. Mais c'est Ron qui les trouva, vu l'heure il ne pensait plus qu'ils viendraient. Brian présenta officiellement Lisa et Ron, depuis des années qu'ils étaient au lycée, ils ne s'étaient jamais fréquentés. Lisa le complimenta sur sa baraque comme elle le disait si bien. Ron les dirigea ensuite vers le bar, il y avait de tout et en grande quantité, surtout de l'alcool. Ils n'étaient pas majeurs, mais c'était une façon de défier les autorités, mais là où ils étaient, ils étaient sûrs de ne pas voir la police débarquer. Et puis Ron n'était pas le fils de n'importe qui, la police fermerait les yeux de toute manière. Lisa pris juste un gobelet pour flirter avec l'illégalité, elle qui était très sage n'était pas contre un peu de remue ménage. Brian fidèle à lui-même resta aux boissons gazeuses. Ron se moqua de lui et de sa vertu. Brian n'en avait que faire, il avait des principes et s'y tenait même si par le passé il s'était déjà pris des cuites. Ron les abandonna un instant, il allait voir comment se déroulait la fête de l'autre côté de la maison. Brian le regarda s'éloigner en espérant le voir plus tard, il le trouva particulièrement beau dans sa chemise blanche froissée et dans son jean d'un bleu sombre. Ron s'habillait de sorte à ce que sa musculature soit suggérée, et cela faisait son effet. Brian était sous le charme, physiquement Ron avait vraiment tout pour lui. Contrairement à Brian, Lisa n'était pas venue pour être avec Ron, mais pour se divertir.

Elle dansait sur place, elle était déjà joyeuse, son premier verre d'alcool lui avait donné un côté fofolle. Un garçon non loin de là, la dévorait du regard, elle jouait son jeu. Pas de bêtise lui dit Brian en s'éloignant d'elle afin de ne pas gâcher son ticket. Brian lui allait voir le reste de la fête, il suivait le mouvement qui se dirigeait dans l'aile ouest de la bâtisse. Il était surtout à la recherche de Ron. Il passa d'abord dans un corridor, plus il s'avançait plus il y avait une sensation d'échos, il ouvrit une porte et juste derrière se trouvait une immense piscine intérieure. Il y avait du monde dans l'eau et sur les rebords, ils n'avaient pas prévu de maillot, mais leurs sous vêtement faisaient l'affaire. Ron était là, il veillait à ce qu'aucune personne en état d'ébriété ne mette les pieds dans l'eau et prenne le risque de se noyer. Ses copains étaient là également pour se charger de la sécurité, il avait tout planifié.

– Alors tu t'amuses, demanda Ron à Brian.

– Y a de l'ambiance, mais je suis pas trop dans le mouvement pour l'instant, mais c'est sympa d'être là, répondit Brian.

C'était la première fois que Ron s'adressait à Brian devant ses coéquipiers.

La piscine intérieure, avec un côté intimiste au bord du romantisme. Le sourire et le regard de Ron étaient teintés d'un doux envoûtement. Brian aurait pu rester des heures à le contempler, à voir son reflet dans ses yeux comme la fois où il s'était approché près de lui.

– C'est ta première soirée depuis que tu es arrivé ici, non ?

– Oui, ma première soirée, fit Brian, en pensant secrètement que c'était sa « première sortie » avec Ron. Quoique Ron ne soit pas vraiment à ses côtés durant la soirée. Mais cette idée lui plaisait, lui faisait du bien tout en lui faisant un peu de mal, comme dans toutes les non histoires.

– Si le proviseur ne nous avait pas forcé à bûcher ensemble, tu ne serais pas là, lança Ron.

– Lundi matin, j'irais le voir dans son bureau pour le remercier, grâce à lui, j'ai pu être invité à une fête.

Ron lui donna un léger coup de poing à l'épaule

qui fit bouger Brian sans pour autant lui faire perdre l'équilibre.

– Je plaisante. Tu n'es pas un gros connard, je pense que je t'aurais invité, j'invite tout le monde de toute façon.

– C'est Cristale qui doit être contente !

Ron avait compris que Brian faisait allusion au côté très select de sa petite amie.

– D'ailleurs je vais à sa recherche, on se revoit plus tard, si tu vois ce que je veux dire.

Brian compris tout de suite son allusion qui lui déplut, mais il ne pouvait rien y faire Ron n'était pas pour lui. Il repartit pour le dance floor, la foule de gens qui s'amuse l'aiderait à oublier les dernières paroles de Ron.

Lisa était en pleine conversation avec son apollon. Il n'allait quand même pas tenir la chandelle, il profita de l'occasion pour faire un tour de la maison, il ne l'avait jamais visité jusque là et les autres ne s'en privait pas.

Pendant ce temps à l'étage, Ron croisa une des fidèles amies de Cristale, elle était devant une porte à discuter avec une de ses copines. Lorsqu'elle vit Ron, elle était toute embarrassée, elle lui parlait, mais elle faisait en sorte de s'en débarrasser. Elle agissait comme si elle avait quelque chose à cacher, d'habitude elle était toute causante avec lui, il devait même se trouver un échappatoire tellement elle était soûlante. Il y avait quelque chose de bizarre pensait

Ron intérieurement. Pourquoi était elle posté là, elle qui d'habitude était en train de faire la gogo dans la foule, et surtout sa copine qui lui tenait compagnie fuyait son regard, mais ne quittait pas la porte comme si elle était un vigile qui donnait le droit d'entrée.

– Je peux savoir ce qu'il se passe pour que tu veuilles te débarrasser de moi, demanda Ron.

– Mais y a rien, dit elle en essayant de se convaincre.

Ron s'avança pour se diriger vers la porte, mais elle essaya de l'en empêcher, il la souleva et la déposa sur le côté, ce n'était pas elle, poids plume, qui allait l'arrêter.

Perplexe et s'avouant vaincue, elle ne savait pas trop comment réagir, elle ne pouvait faire face à cette montagne de muscle. Elle regarda ensuite sa complice l'air de dire de laisser tomber, qu'elles ont fait tout leur possible, et que qu'elle ne pourrait rien non plus contre Ron. Mais, sa copine essaya une dernière tentative.

– Ron n'entre pas, dit la fille qui montait la garde d'un air confuse et désolé.

– Laisse moi passer, s'il te plaît, dit Ron gentiment, mais avec cette expression grave sur le visage.

Elle se mit donc de côté en penchant la tête, ses cheveux longs châtains lui cachèrent une partie du visage, comme si ils cachaient une partie de sa honte. Sa honte d'être là, face à Ron un garçon si gentil, qui sous ses airs de grosse brute n'avait jamais fait de mal à personne.

Il savait qu'elles avaient tenté de lui cacher

quelque chose, quoi, il ne le savait pas encore. Il ouvrit la porte et trouva Cristale en plein ébat. Elle était sur un type, il ne voyait pas très bien qui, il était allongé et c'était Cristale qui menait la danse. Elle était trop occupée pour voir que Ron était là, elle s'appliquait énormément dans ce qu'elle faisait. Et puis, après quelques instants.

– Oh mon dieu, cria-t-elle en ouvrant les yeux.

– Je sais, je sais, dit le type en croyant que c'était lui la cause de ce cri.

– Ron, mais qu'est ce que tu fais là, dit elle en se recouvrant vite avec les draps.

Le type en question c'était un membre de l'équipe, il était toujours sur la touche, mais il en avait eu une avec la copine du quarterback. Il se dépêcha de se rhabiller.

– Je peux tout expliquer, dit Cristale affolée.

– Te fatigues pas, rhabilles toi et sors de chez moi.

La chambre plongée dans la pénombre gardait pour elle le drame qui se jouait. Encore un dans la vie de Ron. Qu'avait il donc fait ? Il croyait en l'amour que Cristale lui portait, elle avait fait des mains et pieds pour l'avoir, et là, à présent elle ne se gênait pas avec un autre, et en plus chez lui. Il lui avait pourtant été fidèle, il ne regardait aucune fille à part elle, il la chérissait, la couvrait de cadeaux.

– Ron, attends j'ai une très bonne raison, dit elle en le suppliant presque larmoyante.

– Dégage, cria Ron de colère et de dégoût.

Il se dirigea vers le type en question et l'empoigna, d'un geste il le balança hors de la chambre. Brian qui passait par ce long couloir plein de tableau aux murs, vit un homme voler pour la première fois, et il se demandait ce qu'était tout ce grabuge. Il vit ensuite Ron sortir de la chambre et balancer au type une chemise. Brian pensa qu'il était certainement contre l'idée que l'on puisse prendre ses chambres d'amis pour un lieu de luxure. Puis il vit, Ron ressortir de la chambre en tenant fermement Cristale par le bras, elle avait les cheveux tout ébouriffés et le chemisier mal boutonné. Ron était tout simplement contre le fait de voir sa petite amie au lit avec un autre que lui se dit Brian. Il était désolé pour Ron. Ce dernier croisa son regard avant de se retirer. Cristale elle, essayait de se réajuster afin de quitter les lieux dignement et ainsi éviter un scandale. Ses copines la raccompagnèrent chez elle. Brian se dirigea ensuite à l'autre bout de la maison, là où était situé la suite de Ron comme il aimait à la surnommer. La porte était fermée, il devait certainement y être. Brian frappa, « barre toi Cristale » était les mots qui traversèrent l'épaisseur du bois. Brian entrouvrit la porte avec une certaine crainte, le ton de Ron laissait entendre sa colère.

– C'est moi, dit Brian.

– Je veux rester seul, dit Ron sur le ton de la colère qu'il avait encore.

Brian referma donc la porte, puis il entendit le

mot reviens, il ouvrit la porte de nouveau. Ron était assis dans le canapé. Brian s'avança lentement ne sachant pas trop quelle attitude adopter.

– Je suis désolé, dit Brian.

Ron avait les yeux rivés sur la table basse.

– C'n'est pas toi qui m'as trompé.

Brian ne répondit rien, Ron bondit du canapé en clamant haut et fort sa colère, il donna un coup dans la table basse, ce qui fit sursauter Brian. Comment Cristale avait pu le tromper, comment a-t-il pu être aussi aveugle pour ne rien voir, il était trop occupé à faire ses devoirs se disait il. Lui, qui lui avait tout donné comment avait elle osé, en plus avec un gars qui ne pourrait lui apporter ce qu'il lui avait apporté. Il donna ensuite un coup dans le mur.

– Tu avais raison, c'est bien une conne superficielle. La salope, elle s'est bien foutue de moi... quel connard j'ai pu être, t'avais raison là-dessus aussi. Sais tu autre chose que j'ignore ?

Ron se retourna les yeux injectés de sang, son visage était rouge de colère.

– Tu t'en sortiras, dit Brian peiné de voir Ron dans cet état.

Ce que Brian voulait le plus à cet instant, c'était de prendre Ron dans ses bras et de le libérer de sa peine. Mais, il ne le pouvait pas, il devait alors rester à bonne distance de celui pour qui son cœur battait, pour qui son cœur était meurtri de le voir souffrir.

– Je m'en sortirais, dit Ron en faisant des

simagrées, t'as pas trouvé autre chose un peu plus proche de la réalité, demanda Ron submergé par un sentiment de trahison.

– Tu t'es fait couillonné en beauté, dit Brian en souriant.

Ron se mit à rire pour ne pas pleurer de rage, des filles, il en trouverait d'autre et plus fréquentable que Cristale au grand damne de Brian. Ron s'approcha ensuite de Brian et se mit face à lui. Brian devait légèrement lever la tête et Ron pencher la sienne pour pouvoir se regarder dans les yeux. Malgré les yeux humides qu'il avait, Ron avait aussi un sourire qui apaisait son visage. Brian lui souriait d'un sourire de sympathie et de compassion. L'atmosphère de la chambre était redevenue sereine, la lumière tamisée y était peut être pour quelque chose… Non, Brian y était pour quelque chose, il avait su trouver les mots, bien que dérisoire, mais qui avaient eu un impact sur Ron.

– Comment tu fais, lui demanda ce dernier.

– Comment je fais quoi, répondit Brian innocemment.

Ron regarda Brian avec un regard plein de gratitude, il le parcourait des pieds à la tête, Brian était vraiment un petit bout de personne comparait à lui. Plus petit, mais tellement plus fort se disait il.

– Comment tu fais pour rendre les choses moins difficiles ?

A cette question Brian ne su pas quoi répondre, que pouvait il bien dire, les mots ne lui venaient pas, il n'avait pas fait grand-chose. Il haussa les épaules et balança légèrement la tête, il n'avait pas de réponse à cette question.

– C'est vrai, depuis que tu es arrivé dans… cette ville, les choses que je croyais insurmontable ne le sont plus, mes devoirs, fit il d'un sourire, Brian eut le même, puis Ron reprit, ma très très récente rupture avec Cristale. Tu as le don de me faire voir les choses sous un autre angle, un angle moins abrupte.

A cet instant si particulier, Brian sentit son cœur battre plus fort que jamais, Ron l'avait définitivement conquis, tant physiquement qu'émotionnellement.

– Merci, conclu Ron en posant sa main sur son épaule.

Brian sentit alors une vague de chaleur lui parcourir le corps, il ne savait plus où il était, comment il s'appelait, le doux vertige de l'amour lui fit tout oublier.

Ron serra légèrement cette épaule de ses doigts dont le pouce appliqua une légère caresse que Brian put sentir malgré l'éphémère durée de cet instant. Une tape mis fin à ce rêve éveillé qu'il venait de vivre dans la réalité.

– La vie continue, lança Ron.

– Oui, la vie continue, fit Brian en pensant que son rêve lui, n'avait pas cette chance.

Ils allèrent ensuite rejoindre la fête, un gobelet d'alcool à la main Ron tentait d'oublier cette soirée. Lisa elle était toujours en bonne compagnie jusqu'à ce qu'elle se mette à vomir, l'alcool n'était pas bien passé. Son prince charmant la laissa à Brian, mais lui donna quand même son numéro de téléphone. Elle s'en sortait quand même bien pour sa première grande soirée. Peu à peu les lieux se vidaient, Brian demanda à Ron s'il n'avait besoin de rien. Ron ne voulait rien, à part rester seul à méditer sur cette vie qu'il avait.

Ron regagna sa chambre l'âme en peine, une peine loin de celle qu'avait d'habitude l'amoureux transit. Ron était peiné d'avoir été trahi. Cela se rapprochait plus d'une peine d'amour propre que d'amour tout court. Il se déshabilla avant d'entrer dans son lit, il ramena le drap sur lui, laissant ses épaules nues à découvert, comme ses bras et ses avants bras laissés le long de son corps sur ce drap qui allait être sa seule source de chaleur pour ce soir. Les yeux au plafond, il se demandait pourquoi la vie le malmenait, l'alcool le faisait méditer sur l'existence qu'il avait. C'est avec un sourire, qu'il repensa à son monologue avec Brian, à ce moment d'hésitation qu'il eut. Brian lui montrait une vision de la vie qu'il n'avait pas, depuis que ce dernier était rentré dans sa vie, il voyait les choses autrement. Il se demanda aussi pourquoi n'avait il pas dit sa pensée véritable, depuis que tu es arrivé dans ma vie, la pudeur certainement, sa pudeur de ne pas dire les mots forts, les mots solennels comme un « je t'aime ». La dernière pensée qu'il eut avant de s'endormir fut pour Brian qui était entré dans sa vie par une porte enfoncée par le proviseur du lycée.

Chapitre 5
L'ère du changement

Lundi matin, la soirée du week-end était sur toutes les lèvres. Mais pour Ron la trahison était dans toutes ses pensées. Dès la première heure de cours, tout avait changé. Ron entra dans la salle, il toisa le fond de la classe, Cristale y était, il avait envie de la baffer. Elle n'osait pas le regarder fautive de ce qu'elle avait fait. Le groupe était définitivement scindé. Ron pris une place à côté de Brian interloqué, Lisa elle se demandait bien ce qui c'était passé, elle n'était pas dans la confidence elle était bien trop bourrée. Elle regarda Brian l'air de se demander sur quelle planète elle était tombée. Brian lui fit comprendre que tout à l'heure il lui expliquerait. Bien trop impatiente de savoir la vérité, Lisa feignit un malaise pendant le cours afin que Brian l'emmène à l'infirmerie. Le professeur ne comprenant pas le subterfuge, n'émit aucun refus. Lisa jouait parfaitement la fille malade, elle repensa simplement à son état nauséeux du week-end.

– Tu peux me dire ce qu'il se passe, demanda-t-elle pleine de vigueur dans le couloir.

Brian s'arrêta de marcher.

– Ben, tu n'es pas malade, demanda Brian étonné.

– Non, diversion pour entendre ta version.

Brian se mit à rire, Lisa était vraiment la reine des cancans. Il lui expliqua tout ce qui c'était passé, et surtout ce qu'il avait vu. Lisa n'en croyait pas ses oreilles même si ce genre de scénario était prévisible. Ils allèrent ensuite à l'infirmerie, pour soigner les maux imaginaires de Lisa et avoir un mot confirmant leur venu. Ils revinrent à la fin du cours, la cloche avait déjà sonné. Ron leur expliqua qu'il y aurait un mini exposé pour jeudi, et que chacun devrait préparer quelque chose et qu'ils allaient tous devoir y passer. Puis il quitta la salle de classe, il avait des choses à faire comme vider son casier des photos de son ex dulcinée.

Au réfectoire, il pris place à côté de Brian et de Lisa.

– T'as pas peur de te montrer avec nous, demanda Brian étonné.

Il balaya la salle du regard craignant un assaut de la part des amis de Ron.

– Laisse le s'asseoir, si il le veut, dit Lisa toute contente.

– Ecoute la mademoiselle, dit Ron en s'installant plateau en main.

Les choses avaient vraiment changées, la table des populaires était devenue déserte, il n'y avait que

Cristale et son dernier soutien. Le reste c'était éparpillé ça et là. Ron avait choisit cette table, cette compagnie, Lisa était sympathique et Brian était devenu beaucoup plus énigmatique. Il riait du duo infernal que Lisa et Brian formaient, toujours en train de rigoler pour tout et rien à la fois. Eux au moins, ils étaient vrais, peu importe ce que les autres pensaient, ils ne se laissaient pas démonter ou influencer. A sa grande surprise Lisa l'avait adopté, elle qui l'avait souvent regardée en chien de faïence. Brian lui, était habitué d'être à ses côtés, en privé certes, mais cela avait le même effet, les mêmes battements. Bien qu'émerveillé par la présence de Ron, Lisa n'en était pas amoureuse. Elle avait connu l'époque des clans séparés, sa joie pouvait ainsi se comprendre, il n'y avait plus de différence dénigrante. Mais ce n'était pas pour autant qu'elle était invitée à participer aux séances de travail particulier, elle le comprenait, Ron ne voulait pas afficher ses difficultés. Brian était le seul qu'il acceptait, bien sûr au départ c'était une obligation, mais depuis les choses avaient évoluées, ils avaient sympathisés. Il n'avait plus honte de montrer ce qu'il ne pouvait maîtriser.

Ils avaient passés toute l'après midi du mercredi à bosser sur le mini exposé. Brian l'avait aidé à tout organiser, tout en le laissant s'exprimer. C'était pas mal pensait Brian, Ron en avait fait des progrès. Ils jouèrent ensuite aux jeux vidéo pour tout évacuer.

– Tu viens me voir jouer samedi ?

Côte à côte sur le canapé, ils gardaient les yeux rivés sur l'écran.

– Vous jouez comme des pieds, je n'ai pas trop envi de me déplacer, dit Brian en gardant son sérieux.

Ron le bouscula du coude. Brian était mort de rire.

– Ok, comme tu me menaces, je me sens obligé de venir te voir prendre ta raclée, dit Brian en souriant.

Ron prit le coussin juste à côté de lui et le balança au visage de Brian qui n'arrêtait pas de rigoler. Il laissa sa manette, pris le coussin et appuya Brian sur le canapé. Il essayait de l'étouffer pour rigoler. Brian riait à gorge déployée tout en gesticulant pour essayer de se dégager, et puis plus de mouvement. Ron enleva le coussin, Brian avait les yeux fermés comme si il était inconscient. Il prononça plusieurs fois son prénom, aucune réponse. Ron commença à le secouer, rien n'y faisait. Il commença à paniquer. Puis des petits rires se firent entendre, Brian jubilait de ce qu'il avait fait tout en imitant Ron paniqué.

– T'es bête, cette fois je vais vraiment t'étouffer, dit Ron en se jetant sur lui.

Brian victime des assauts de Ron se laissait faire en pensant à ce rêve qu'il gardait pour lui.

Jeudi matin, c'était Ron qui était étouffé par l'exposé. Intervenir en public dans un tel contexte n'était pas ce qu'il préférait. Son assurance légendaire n'était qu'à moitié, mais il levait la tête. Au tableau, il tenait ses fiches et les regardait de temps à autre, il espérait que personne ne l'écoutait pour de vrai. La réalité était telle que durant les exposés rare étaient ceux qui écoutaient, la plupart pensait à autre chose qui n'avait rien avoir avec ce qu'il disait. Le prof était le seul à être attentif, et puis il y avait Brian. Pendant tout le temps de son intervention, Ron lui jetait un regard histoire de se rassurer. Brian avait le pouce levé pour lui dire que c'était bien ce qu'il faisait et qu'il fallait continuer. A la fin, le prof était agréablement surpris par ce qu'il avait fait, c'était un exploit, un miracle même. Un à un, ils étaient tous passés, il y avait du bon et du mauvais, mais personne n'écoutait vraiment ce qui se disait. La sonnerie de la cloche retentit. Des soupires de soulagement c'étaient fait entendre, le plus dur moment de la journée était enfin passé.

Dans l'après midi un mot était diffusé par les hauts parleurs du lycée, les notes de l'exposé étaient disponible à l'administration. Si tôt se disait Brian. La raison invoquée, était l'absence du professeur toute la semaine prochaine, donc pour leur éviter un trop long suspens, il les avait déposé au bureau. Lisa ne tarda pas trop après avoir récupérer sa feuille, elle avait à faire chez elle, comme d'habitude elle s'en était pas mal sorti, elle avait eu un A-. Brian lui était abonné au A+. Ron quant à lui avait les yeux stupéfaits sur son B. Brian était satisfait de lui et l'encouragea à continuer. Pour fêter ce miracle du à son travail acharné, Ron proposa à Brian de venir dîner chez lui après qu'il soit rentré de son entraînement.

– Mais tu ne vas pas bouffer avec les gars de l'équipe, on est jeudi, dit Brian.

– Sans façon, ce soir je fête mon B, j'ai assez dîner avec eux pour les années à venir, et puis je risquerais de croiser Cristale et j'ai pas envi de la voir en dehors du lycée.

Le rendez vous était pris, dix neuf heures trente.

Il n'était pas question de mettre les petits plats dans les grands, ce soir c'était bière et pizza. Ron avait prévu du soda pour Brian qui ne buvait pas. Ils allaient boire et manger dans la salle cinéma de la maison. Brian était impressionné, il y avait quinze places et un super écran géant qui faisaient tout le mur du fond. Ron était vraiment un privilégié. Ils s'installèrent là devant un DVD. Pendant la projection, ils s'échangèrent des sourires, des regards qui ponctuaient leur engouement ou leur stupéfaction pour telle ou telle scène du film. La séance terminée ils allèrent continuer la soirée dans la chambre, musique et jeux vidéos. Ron était déjà à sa cinquième bière, il avait déjà bien entamé à lui tout seul le pack de six. Il avait les yeux explosé et un rire qu'il ne pouvait s'empêcher, en d'autre terme, il était bourré. La pièce commençait à tourner et il traîna son corps jusqu'à son lit. Il disait tout et n'importe quoi, il commençait à délirer, il parlait de Cristale qu'il détestait et de Brian qu'il avait appris à apprécier.

– Tu sais quoi, tu es la petite amie idéale, tu es serviable, tu prends du temps pour moi, tu m'aides à travailler, t'es pas trop laid, juste à la bonne taille, il suffit juste que tu te fasse opérer, si tu veux je peux la payé l'opération, dit Ron avec un taux de lucidité inférieure au minimum autorisé et avec ce hoquet qui faisait office de ponctuation.

– Pas question de me faire opéré, par contre il temps de dormir pour toi, demain y a cours, dit Brian.

Il remonta les draps sur Ron.

– Tu ne veux pas rester ?

La proposition était alléchante.

– Non, t'es trop bourré, une autre fois.

Il laissa Ron dans ses délires et rentra chez lui. Il espérait que tout se passerait bien, et qu'il ne s'étoufferait pas avec son vomi dans la nuit.

Le lendemain, ce n'était pas une surprise pour lui que Ron soit absent, il devait être encore en train de cuver. Brian eu la surprise de le voir passer chez lui à quatre heures pour récupérer les cours, il devait être encore saoul se disait il. Mais Ron avait changé à son contact, il était devenu sérieux, pas question de ne pas avoir son diplôme, il était en bonne voie et il voulait continuer comme cela. Il demanda à Brian comment c'était passer les cours, rien d'extraordinaire lui répondit il. Brian lui passa les cours pour le week-end, il ne les aurait que pour lundi, demain c'était le match, Ron n'allait quand même pas tout recopier ce soir.

– J'ai pas trop déconné hier soir, demanda Ron assis sur le lit.

– Non, t'as juste un peu déliré c'est tout, tu m'as juste dit que je serais une bonne petite amie, répondit Brian avec le sourire. Assis sur le bureau il balançait ses jambes en pensant qu'il aimerait bien être son petit copain.

– Ok, j'étais bien pété, dit Ron en levant les yeux au ciel.

Ce n'est pas Brian qui dirait le contraire, l'alcool fait des ravages pensait il.

– Et demain tu viens toujours nous voir jouer ?

– Comment rater l'occasion de te voir prendre ta raclée ?

– Moque toi, mais si je gagne, tu feras tout ce que je voudrais, dit Ron en lançant un pari.

Brian souriait. Ron et ses paris se disait il.

– Ok, ça marche le contraire se vaut pour moi, mais dans la mesure du possible, dit Brian.

Le pari était scellé par une poignée de main, Brian commença à prier pour la défaite de Ron et de son équipe, avoir Ron pour esclave était une idée qu'il appréciait, le contraire ne l'enchantait guère.

Chapitre 6
Confession

Samedi soir vingt heures, le stade du lycée était plein à craquer, parents, amis des joueurs étaient venus les supporter. Les projecteurs du stade éclairaient à la perfection le lieu du spectacle. Les gradins étaient bondés, Lisa et Brian essayaient tant bien que mal de se trouver une place, mais il fallait avant cela se frayer un passage. Ils trouvèrent deux places au milieu de la foule des supporters. Ils étaient rarement dans ce genre de manifestation, pour ainsi dire jamais. Ils étaient étonnés par un tel engouement, ça criait dans tous les sens, les encouragements fusaient avant même que le match n'ait commencé. Lisa et Brian se regardaient l'air de dire que c'était incroyable ce qu'il se passait.

Les pom-poms girls faisaient monter l'ardeur des supporters par leurs acrobaties et leurs slogans décapants. Elles y mettaient une telle énergie et conviction qu'il était difficile de ne pas les suivre. Cristale et ses amies profitaient de la clameur du public, être sous le feu des projecteurs était quelque chose de grisant. Elles savaient très bien que cette clameur d'avant match leur était destinée. Cristale au milieu de ses fidèles ne semblait pas plus affectée que cela par sa récente rupture d'avec Ron. Elle était toujours aussi belle, une blondeur amplifiée par les projecteurs du terrain, ses lèvres brillaient grâce au gloss qu'elle avait soigneuse appliqué, et ses yeux pétillaient autant que les paillettes éparpillés sur son visage. Elle rayonnait, heureuse d'être au centre de l'attention.

L'équipe du lycée finit par faire son entrée et la foule scandait leur nom pendant qu'ils prenaient place sur le terrain. Lisa et Brian étaient amusés. Sur la pelouse remarquablement entretenue, Ron cherchait du regard Brian, il ne le vit pas, il y avait trop de monde. Puis, l'équipe d'un lycée adverse entra à son tour, elle était connue pour être assez robuste, le match allait certainement être long et ardu. Le premier coup de sifflet annonçait le début de la rencontre, les premières minutes étaient primordiales, il fallait intimider à tout prix son adversaire. Les placages étaient nombreux et calculés. Brian et Lisa ne connaissaient pas vraiment les règles, ils suivaient la foule quand elle se levait, même si ils n'étaient pas très synchro, mais le cœur y était. Brian ne pensait plus à la défaite qu'il avait souhaité, l'appartenance à ce lycée était plus grande que la perte d'un pari, tout comme la foule il vibrait. Il savait que son enthousiasme était du également à une présence particulière sur le terrain, celle du garçon qui menait cette équipe d'une main de maître.

Tout à coup, Ron se fit sévèrement plaqué, mais il se releva comme celui qui faisait face à l'adversité et sous les cris de la foule qui le soutenait. Son équipe était menée, mais l'espoir il l'avait gardé. A la mi-temps il motiva ses troupes, et puis un cri dans la nuit arriva jusqu'à lui.

– Ron, t'as pas intérêt à te prendre une raclé, dit une voix.

Il regarda en direction des gradins cherchant celui qui avait lancé ses mots familiers, il vit alors Brian le pouce levé comme durant son exposé. Il est venu se disait Ron. Il leva son pouce en sa direction, pas question de laisser tomber, pas question de se prendre une raclé devant Brian qui bizarrement le soutenait. Il eut aussi un sourire, un sourire différent, une différence qu'il sentit. Cela lui faisait chaud au cœur de voir Brian qui l'encourageait parmi cette foule de gens.

Le match pouvait alors recommencer, il était gonflé à bloque plus motivé que jamais. Il les passa un à un sans jamais trébucher, il inscrivit alors le touch down final, celui de la victoire. Ron avait fait remporté un nouveau succès à son équipe, la foule salua son exploit, ils les avaient fait gagner. Sur le terrain la frénésie de la victoire avait pris sous son aile les membres de l'équipe. Ron était porté sur les épaules comme un roi. Il tenait son casque sous son bras gauche et levait le poing de sa main droite signe de la victoire. Il l'agitait et l'agitait encore. La foule amassée sur les gradins l'acclamait. Brian au milieu de ses étrangers riait en regardant Ron pavané sur les épaules de ses coéquipiers. Il regarda ensuite vers Brian, en plus de sa joie, il avait ce même sourire. Brian oublia alors la foule l'espace d'un instant, les bruits étaient devenus sourds, Ron qui rayonnait était tout ce qu'il voyait. Lisa parlait avec lui, mais il n'entendait rien, il savourait cette image que Ron lui renvoyait. Quand Ron regagna les vestiaires, tout revint à la normale, Lisa était redevenu audible.

La fête se déroula dans un bar fréquenté de la ville, tout le monde y était convié. Ron retrouva là bas Lisa et Brian. Lisa serra dans ses bras le champion comme elle l'avait surnommé, elle se dirigea ensuite vers le bar boire à la victoire, un jus de fruit glacé, l'alcool ne lui était pas autorisé quand bien même elle aurait refusé. Brian accepta sa défaite et serra la main de son adversaire bien qu'il aurait préféré la chaleur d'une accolade, félicitation dit il à un Ron enchanté.

– J'ai vu une drôle de chose depuis le terrain, j'aurais juré que tu me supportais, dit Ron en souriant.

Brian avait un sourire et les yeux pleins de malice.

– C'est fou comme les projecteurs fausse la réalité.

Il but son verre de jus, en gardant ses yeux plongés dans ceux de Ron.

– Ça doit être ça, toujours est il que ce soir tu es mon esclave.

– A toi de ne pas en abuser, dit Brian résigné.

– T'inquiète pas je serais sage, en attendant je vais voir les gars, je m'occuperais après de ton cas.

Ron s'en alla tandis que Brian sortit du bar pour prendre l'air, l'odeur du tabac l'avait légèrement asphyxier lui qui avait horreur de la fumée. Il prit une grande inspiration pour se remplir les poumons. Il flottait dans l'air une meilleur odeur celle de la victoire certainement, et la joie que lui avait porter ce moment, il ne s'était pas amusé ainsi depuis longtemps. Et puis, il réfléchissait à ce qu'il avait ressentit dans les gradins, il se focalisa sur le dernier moment celui là même où le temps c'était presque arrêté et dont Ron était l'unique sujet. Cela avait recommencé se disait il, une fois de plus son cœur avait parlé. Il arrêta brusquement d'y penser lorsque Ron fit son apparition devant lui. Ron portait fièrement et fort bien le blouson du lycée celui qu'il ne quittait jamais, ses couleurs rouge et crème lui allait bien au teint et rappelait les couleurs de son équipe.

– Tu t'en vas, demanda Ron.

Il s'avança les mains dans son blouson, l'air c'était rafraîchît.

– Non, j'aère mes poumons.

Ron porta son regard dans le vague avant de le reposer sur Brian.

– J'ai réfléchis à ce que je ferais de toi.

Brian était curieux de savoir ce qu'allait être son bizutage, courir nu dans les rues de la ville, laver sa voiture, était ceux à quoi il pensait.

– Ce soir comme tu peux le constater je ne suis pas ivre, j'ai tout ma tête et mon estomac, je me disais que tu pouvais venir dormir chez moi.

Brian avait pensé à tout sauf à ça, dormir chez Ron en voilà une drôle de punition, lui qui aimait tant dormir dans son lit, la nuit risquerait d'être difficile dans une grande maison vide où l'angoisse avait sa place malgré un système de sécurité hyper perfectionné. Brian n'avait pas le choix, il informa ses parents qu'il allait découcher pour cette fois. Ils retournèrent ensuite à l'intérieure trinquer avec les autres à la victoire. Brian avait gardé toute la soirée ce sentiment qui l'habitait, il ne voyait et n'entendait que Ron.

La maison de Ron était toujours immense même plongée dans une intense obscurité. Il était déjà tard, la fête s'était éternisée jusqu'à une heure du matin. Brian demanda où était sa chambre.

– J'ai un lit king size assez grand pour quatre personnes, on prend chacun un côté.

Brian regarda un court instant le lit.

– J'aurais cru que… mais bon c'est toi qui impose.

Brian était un peu décontenancé surtout après tout ce qu'il ressentait pour Ron, il allait devoir partager le même lit, il devrait alors contrôler son envie naissante, mais bien présente.

– Oui, c'est moi qui impose, dit Ron tout fier.

Sous le regard de Brian, il commença à défaire le lit.

Pendant qu'il s'afférait, Brian lui demanda où était la salle de bain, il avait envi de prendre une douche et d'enlever toute cette odeur de cigarette sur lui. Il se débarrassa ensuite de ses vêtements qu'il descendit à la buanderie, il ne garda que son caleçon, le reste il le mit dans la machine dernier cri, elle faisait à la fois lave linge et sèche linge, il n'avait qu'à mettre une dose de lessive et la machine se chargeait toute seule de trouver les programmes adéquate. Il déambula ensuite dans les couloirs de l'immense demeure, il pressa ses pas, il avait en tête toutes ses scènes de film où les héros se faisaient courser par un fou portant un masque et armé d'un couteau.

De son côté, Ron avait également prit sa douche pour ne pas incommoder Brian de la fumée qu'il avait également sur lui. Quand Brian arriva, il était déjà dans le lit, le côté gauche était le sien et Brian serait alors à sa gauche donc du côté droit du lit. La pièce n'était éclairée que par la lampe de chevet. Brian s'avança vers le lit et s'y glissa. Le matelas était d'un confort qu'il n'avait jamais connu et les draps d'une douceur inimaginable, impossible de passer une mauvaise nuit dans de telles conditions et puis il y avait Ron juste à côté de lui.

Ils fixaient tout les deux le plafond, Brian commençait à fermer les yeux jusqu'à ce que Ron ne prenne la parole. Il les ouvra et écouta ce qu'il avait à dire. Il remercia Brian d'être là, ce soir, il n'avait pas envi de passer encore une soirée tout seul dans cette grande maison vide. Il en avait trop passé des nuits en solitaire et cela depuis des années. Ron commença à s'épancher sur sa vie, Brian se tourna de son côté, Ron lui, restait les yeux fixés sur le plafond, il se confessait. Il parla de ce qu'il n'avait jamais l'habitude de parler, c'est à dire de ce qu'il ressentait. Il avait appris à avoir confiance en Brian et se laissa aller. Sa vie selon lui se résumait à tous ses artifices, ce luxe qui ne servait qu'à combler, l'absence d'une mère, l'absence d'un père. Mais cette absence ne pouvait se combler dit il. Cependant il avait appris à s'en accommoder, parfois même il oubliait. Il était comme cette maison qui trompait les apparences, tout comme elle, il avait tout et transpirait le bonheur, mais tout comme elle, il était vide à l'intérieur. Tout ceci n'était qu'une mascarade à laquelle on l'avait sans le faire exprès initié, il était passé maître en la matière. Qui aurait pu penser qu'il en avait assez de tout ce faste qui le suivait partout où il allait. Jamais personne ne croirait qu'il pouvait être triste de ce que la vie lui apportait. Matériellement il avait tout, mais il lui manquait l'essentiel, un foyer, un vrai, cette chaleur que la plupart des gens connaissaient, il ne pouvait pas l'acheter, ses parents ne pouvaient pas l'acheter et n'avaient pas su la lui donner. Ils étaient des gens bien trop occupés, toujours absent, et toujours ce manque qu'il ressentait. Ron brillait extérieurement, mais à l'intérieur pas une étincelle. Brian était attristé par ce discours, lui comme les autres il était persuadé que tout lui souriait, et comme les autres il s'était trompé. Ron était doué pour paraître ce qu'il n'était pas en réalité. Brian se sentait mal, il ne savait pas quoi dire, avait il quelque chose à répondre à cette confession sur l'oreiller. Il ne pouvait que l'écouter et que le regarder, mais Ron restait fixer à ce plafond qui lui donnerait peut être une réponse. Puis, il se tu dans un silence pesant. La confession avait pris fin. Ron avait fait part de son chagrin.

– Comment veux tu que je m'endorme si tu ne te raconte plus, dit Brian en soupirant.

Ron se mit à sourire, Brian avait apporté la légèreté qu'il attendait. Il se tourna vers lui, le regarda au clair de cette nouvelle intimité et lui souhaita une bonne nuit. Ils se retournèrent ensuite et plongèrent dans les bras de Morphée, ils l'avaient mérité. Brian avait du mal à trouver le sommeil, Ron était juste là, à quelque centimètre de lui, il pouvait entendre la douce mélodie de sa respiration. Ce soir là, il s'endormit avec une autre image de Ron, ce n'était plus le victorieux, mais le malheureux, bien sûr il y avait pire malheur, mais il compatissait à sa douleur. La chambre s'empreignit du repos du guerrier jusqu'à la fin de la matinée.

Ron était le premier à se réveiller, il paressa dans le lit jusqu'au réveil de Brian quelques minutes après lui. Il avait eu tout le loisir de l'observer dormir, il s'était même amusé à lui boucher le nez de temps en temps pour voir comment il réagissait, ce qu'il avoua ensuite.

– Quel enfant tu fais, dit Brian.

Il s'étira pour mieux se réveiller. Il dormirait encore un peu pensait il. Il se sentait tellement bien dans ce lit, avec Ron en plus.

– J'ai cette irrépressible envie de t'étouffer quand t'es prêt de moi, dit il en souriant.

Brian prit alors son oreiller, c'était à son tour de se venger. Mais il ne pouvait rien contre Ron, il était d'un trop petit gabarie contre lui, c'était une vengeance perdu d'avance. Le lit s'était transformé en ring de jeu. Une bataille de polochons dans les règles de l'art.

Les esprits retrouvés, ils allèrent prendre un copieux petit déjeuner qui ferait office de déjeuner vu l'heure avancée de la journée. L'après midi, ils firent quelques passes dans le jardin, c'était à celui qui lancerait le ballon le plus fort possible. Brian lançait quand même assez fort à la surprise de Ron, qui esquissa une grimace à un moment de la partie. Brian l'interrogea. C'était un bleu qu'il avait eu suite au fameux placage du match d'hier soir, il enleva son tee-shirt, le choc avait été violent et la douleur ravivé par le lancé de Brian. Ils retournèrent à l'intérieur, direction la salle de bain afin de trouver un gel apaisant cette douleur. Ron en avait une quantité incroyable, il était habitué. Il frotta son torse musclé sous le regard attentif de Brian qui soudain fut arraché de ses pensées.

– Au lieu de me regarder, masse moi le dos, dit Ron.

C'était un ordre auquel Brian devait si plier. Il s'exécuta, et appliqua le gel sur le dos de Ron qui pouvait le voir faire dans le miroir. Il apposa ensuite ses mains au niveau de ses trapèzes pour redescendre jusqu'au bas de son dos, il se débrouillait bien. Ron avait les yeux fermés et semblait apprécier un touché qu'il n'avait pas soupçonner de Brian « le kiné » comme il l'avait surnommé à cet instant. Mais le corps de Ron devenant trop agréable sous ses mains, Brian décida d'arrêter avant de déraper et de se faire casser en deux. Brian lava avec hâte ses mains pour enlever le reste de gel, et s'essuya au même rythme avec la serviette posée non loin de lui. Ron ne comprenait pas pourquoi il s'était arrêté, Brian invoqua une obligation de rentrer chez lui il devait soit disant aider son père à monter une étagère. Il s'en alla s'en reprendre les cours qu'il lui avait passés. Ron resta là sur le rebord de la baignoire ne comprenant pas l'empressement de Brian.

Ce dimanche soir à vingt heures, alors que Brian était allongé sur son lit, quelqu'un frappa à sa porte. Il ne bougea pas et dit à la personne d'entrée. Il ne s'attendait pas à voir Ron. Ce dernier était venu lui rendre les cours qu'il avait empruntés, il les déposa sur le bureau comme lui avait indiqué Brian surpris de le voir ici.

– Je suis passé pour un illuminé aux yeux de ton père lorsque je lui ai demandé si il avait pu monter l'étagère, dit Ron en regardant Brian dans les yeux.

– Tu joues à la police ?

– Non, c'est juste que je me demande pourquoi t'étais si pressé de partir au point d'inventer une histoire.

Brian se leva et se dirigea vers la fenêtre. Il jeta un coup d'œil vite fait.

– C'est tout moi, j'ai parfois des réactions bizarres, je suis pardonné ?

– Oui, j'ai encore besoin toi pour m'aider avec les devoirs, donc je n'insisterais pas.

Brian se mit ensuite face à lui.

– Au fait t'as réussi à rester toute une journée sans les cheveux gominés ?

Brian se surprit à les ébouriffer. Les cheveux de Ron étaient remarquablement doux, comme lui en réalité.

Ron resta perplexe face à cette remarque, mais pas face à ce geste. Brian et lui étaient devenus assez tactiles.

– Hein ? Qu'est ce qui ne va pas avec mes cheveux ?

Il les toucha pour se rassurer et alla se regarder dans le miroir de l'armoire.

– Rien, c'est juste que je trouve que sans tout ce gel tu es différent.

– Différent ? Ron les regarda de nouveau et se retourna ensuite vers Brian.

– En mieux.

Ron s'approcha tout souriant et s'assit tout près de Brian, de son épaule il le bouscula.

– Je suis naturellement beau, fit d'un sourire digne des plus grandes pubs de dentifrice.

Il passa ensuite sa main dans les cheveux de

Brian, il regarda le visage grimaçant laissant ainsi imaginer ce qu'il allait dire.

– Toi c'est pas du gel que tu devrais mettre, mais une cagoule.

– Ha ha ha, fit Brian en grimaçant à son tour.

Ron était tout fier de sa blague et de l'effet qu'elle eut. Il donna un nouveau coup d'épaule à Brian.

– Je plaisante.

Brian resta silencieux et détourna la tête.

– T'es vexé ?

Aucune réponse.

– Tu boudes ? Oh la la, il boude.

Ron prit le menton de Brian entre ses doigts afin de tourner son visage vers lui, face à la résistance de Brian, il le bascula sur le lit. Allongé sur lui, Ron avait tout loisir de le forcer à le regarder. Même face à lui, Brian avait les yeux fuyant. Pour qu'il change d'attitude, Ron entreprit de lui faire quelques chatouilles, Brian ne résista pas bien longtemps. Il ne pouvait s'empêcher de rire et Ron s'amusait à continuer. Ses rires se turent ensuite. Ron était toujours allongé sur lui.

– Je ne savais que tu te vexais facilement, fit Ron.

– C'était pour t'embêter, je ne suis pas du genre à me vexer.

– La cagoule c'était vraiment n'importe quoi, tu es tellement invisible que tu n'en as pas besoin.

Ron scrutait le visage de Brian en attente d'une réaction. Ce dernier ne dit rien, il balança seulement la tête.

– Je dois être le seul à pouvoir te voir.

– Peut être, mais en tout cas moi je te vois et je te sens de tout ton poids.

– Je suis si lourd que ça ?

Au lieu de se lever, Ron s'allongea de tout son long, il posa sa tête dans le creux du coup de Brian qui pouvait sentir la chaleur de ses lèvres et la chaleur de son souffle. Ils restèrent dans cette position quelques instants, Brian feignit quelques plaintes pour donner le change. Il fermait les yeux appréciant la chaleur de ce corps posé sur le sien. Quand Ron se dégagea, ils se sourirent, un sourire complice pour l'un, un sourire tendre pour l'autre.

– T'es vraiment nul, lança Brian.

– T'en fais pas, « le nul » s'en va, il doit monter une étagère avec son père.

Brian répondit à cette allusion par une autre grimace.

Arrivé chez lui, Ron se laissa tomber sur son lit. Il souriait se revoyant écraser Brian. Une drôle de sensation l'enivra, l'odeur de Brian lui revint en mémoire. Une douce odeur, une sensation de fraîcheur. Il ferma les yeux comme pour la ressentir de nouveau, et cette légère chaleur qu'il y avait au creux de son cou le fit soupiré. Cette pensée lui fit ouvrir aussitôt les yeux. Il se redressa brusquement et regarda au niveau de son bas ventre. Quelque chose ce soir avait changé.

Chapitre 7
Du courage ?

Lundi, Ron était le roi du lycée, l'atmosphère de la victoire n'avait pas quitté les esprits. Sur son passage, il avait droit à de chaleureuses félicitations. Bien que touché par ces marques d'attention, son esprit était ailleurs, Brian n'était pas dans le bus ce matin. Il se demandait si il allait venir. Il entra dans la salle de classe qui était encore vide, il se posa à sa nouvelle place, juste à côté de Brian qui se retrouvait entre lui et Lisa. Dans l'attente du début du cours, il écoutait ses mp3, successivement, quelques élèves firent leur entrée. Ron guettait l'arrivée de Brian. Quand ce dernier franchit enfin la porte, son visage retrouva le sourire.

– Je me demandais si tu allais venir.

Brian sortait ses affaires de son sac à dos noir.

– J'ai eu une panne…

Ron se mit à sourire alors que Brian n'avait pas terminé sa phrase.

– … de réveil Ron, une panne de réveil, dit il en balançant la tête tout en souriant.

– Ça arrive à tout le monde même au meilleur d'entre nous.

– On parle toujours de la même panne, demanda Brian.

– Franchement, de quelle autre panne veux tu que nous parlions, fit Ron d'un sourire.

– D'aucune autre bien sûr.

A l'arrivée du professeur, la classe se plongea dans le plus grand des mutismes. Ne pouvant ainsi achever leur discussion, Brian et Ron s'échangèrent un sourire complice. Depuis ce qu'il avait ressenti la veille au soir, il profita de l'occasion pour s'interroger sur ses nouvelles choses qui se passaient en lui. Il prit plaisir à regarder Brian tout le long des cours, il cherchait également le contact. Au réfectoire, il profitait de la file d'attente pour être au plus proche de Brian, il collait ses pectoraux contre son épaule, gardait son avant bras au contact du sien. Il le faisait si naturellement que personne ne vit rien à redire. Brian lui-même ne comprenait pas ce qu'il se passait, il se disait être seulement plus chanceux que d'habitude. Ron lui, se faisait à l'idée de ces moments de découvertes, il se faisait à l'idée d'apprécier ces moments. Il avait suffisamment cogité sur la question hier soir, certaine de ses réactions ne trompait pas.

Aujourd'hui, il voulait vérifier si ses doutes étaient fondés. Etant d'un tempérament fonceur, il fonçait même si il ne savait pas où cela allait le mener.

Pendant son heure de soutien, Ron utilisa une autre tactique. Il s'installa à côté de Brian dans le canapé turquoise, il colla sa cuisse contre celle de Brian qui ne disait rien ou plutôt qui faisait comme si il ne sentait rien. Cependant, il sursauta lorsque Ron entreprit de mettre son écouteur dans son oreille.

– Calme toi. Ecoute c'est un de mes morceaux favoris, dit Ron l'écouteur entre les doigts.

Brian se laissa faire, Ron glissa avec délicatesse dans son oreille le fameux écouteur qui jouait une balade pop rock. A son écoute, Brian s'emplit de tristesse, il pensait à Ron et à tous ces moments qu'il lui volait surtout aujourd'hui encore plus qu'hier. Ron était si proche qu'il pouvait sentir son souffle dans son cou. Les écouteurs leur offraient une nouvelle promiscuité. Durant l'écoute, Ron lui souriait à chaque fois que leurs regards se croisaient.

– Alors comment tu trouves ?

– Triste, fit Brian d'un brin de voix.

– C'est ce qui est beau.

Brian regarda sur le côté un court instant avant de se perdre dans les yeux de Ron.

– Non, ce qui est beau, se sont les belles histoires d'amour.

Ron esquissa un sourire.

– Je me doutais que tu étais un romantique.

– Non réaliste, fit Brian en se levant.

La chanson lui fit réalisé à quel point il aimait Ron et à quel point il se sentait si triste. Ron n'était qu'un songe, une histoire interdite, un amour à sens unique.

– Je ne te suis pas, fit Ron.

– Il n'y a rien à comprendre, je délire, je vais rentrer, je suis fatigué.

Assis dans le canapé Ron le regarda prendre ses affaires et quitter la chambre.

Les deux semaines qui passèrent pouvaient témoigner du changement qui s'était profilé. Brian expédiait la tâche qu'il avait auprès de Ron, qui lui ne comprenait pas. Il se sentait délaissé, mais ne disait rien. Pour Brian, la situation semblait parfaitement lui convenir. Moins il le verrait plus vite il l'oublierait. Ils ne s'attardaient plus à discuter, à jouer au jeu de la vérité, comme si ils étaient redevenus de parfaits étrangers.

Au lycée, ils n'échangeaient même plus, Brian avait mis des distances, une frontière invisible qui empêchait Ron de s'approcher. Ron ne savait pas comment prendre la chose, peut être était il préoccupé, mais lui qui lui avait fait confiance pourquoi ne se confessait il pas à lui. Ron remarquait que ce changement ne concernait que lui, qu'avait il fait de mal, pourquoi Brian était si froid, si distant. Il ne lui accordait même plus de réplique cinglante, il ne le regardait même plus dans les yeux quand il lui parlait. Ron ne comprenait pas ce qu'il lui arrivait et ce qui lui arrivait. Il avait une sensation de manque qu'il n'avait pas l'habitude de ressentir. C'était autre chose que le manque de ses parents. Il n'arrêtait pas de penser aux premiers moments passés avec Brian après avoir brisé la glace, ces moments là lui manquait tant et Brian tout autant, mais pourquoi. Et puis un jour, au réfectoire, il était assis face à Lisa et Brian qui discutaient, il ne participait pas, il ne faisait que les écouter tout simplement. Ses yeux ne pouvaient se détacher de Brian qui rigolait et souriait à Lisa. Pourquoi n'y avait il plus droit à ces moments de fou rire, ces moments de partages ? Le capharnaüm qu'était le réfectoire se tu un cours instant, laissant place à un étrange silence, Ron en était le seul témoin, le reste de la salle plongé dans un flou optique se balançait dans un rythme lent, seul Brian lui apparaissait normalement, son rire raisonnait en lui, il avait les yeux qui brillaient. Ron était pris d'un doux vertige en le regardant.

– Tu peux me passer l'eau ?

Cette demande le ramena aussitôt parmi eux.

– Tu peux me passer l'eau, s'il te plaît, demanda Lisa.

– Oui bien sûr, dit Ron encore surpris par cette vision.

Il était comme perturbé, Brian le regardait en se demandant bien ce qu'il avait. Ron se leva et quitta la table sans un mot, d'habitude il disait où il s'en allait.

Ron était allé se réfugier sous les gradins. Sous cette ossature de fer qui l'abritait, il était assis à réfléchir à ce qui lui arrivait et à ce qui leurs étaient arrivés. Ils étaient pourtant si proches et à présent si distants. Il n'avait rien fait pour mettre tant de distance entre lui et Brian, à sa seule pensée son cœur s'accélérait. Il s'efforçait de comprendre cet attachement qu'il n'avait jamais eu auparavant et ce manque si grand qu'il avait à la seule pensée de Brian. Il était remué par ce qu'il ressentait. Qu'allait il faire, cela était peut être passager, juste une pulsion qui n'avait pas de raison d'être. Il ne pouvait cependant ignorer les battements de son cœur lorsqu'il apercevait Brian au détour d'une salle. Pendant plusieurs jours, il était confronté à ces mêmes symptômes que le docteur aurait pu diagnostiquer comme étant de l'amour, rien de bien grave juste de l'amour. Mais Brian de son côté qu'en était il exactement, ressentait il les mêmes choses que lui. Ron essayait de trouver la réponse à cette question. Et si ? Et pourquoi pas ? C'est ce que Ron se disait. Il repensa ensuite à Brian qui lui disait qu'il était la personne qui l'intéressait. Etait ce une blague ou justement Brian avait il accoutré la vérité de ce costume ? Avouer et dissimuler la vérité pour se sentir soulagé. Ron ne savait plus quoi penser, cet éloignement soudain n'était pas anodin. Il y avait quelque chose c'est certain. Il ressassa longtemps toutes ses questions, il voulait avoir une réponse. A force de voir Brian au lycée, il finit par avoir la sienne. Il ne l'aimait plus bien, mais l'aimait tout court. Etre assis en classe à côté de lui était un supplice. Il devait faire attention à sa façon d'agir. Ne pas trop le regarder pour ne pas attiser des soupçons. Pourtant il ne pouvait s'empêcher de voler une image. Difficile de se concentrer, il penchait toujours sa tête en sa direction pour pouvoir l'entrevoir du coin de l'œil. Un sourire de temps en temps pour montrer sa sympathie à celui qui s'était peu à peu éloigné de lui. Il ne se tenait jamais trop loin Brian, en espérant que celui-ci fasse un jour volte face.

Et puis, un soir dans la chambre de Ron qui avait volontairement traîné sur ses devoirs, une discussion s'imposait. Ron quitta son bureau et alla rejoindre Brian qui était allongé sur le lit à regarder le plafond. Il s'allongea à côté de lui.

– La vue est belle, demanda Ron.

– Moyennement, répondit Brian sans quitter le plafond des yeux.

– Ça fait deux semaines, fit Ron en tournant la tête afin de voir Brian.

– Deux semaines de quoi, demanda Brian ne bougeant pas d'un poil.

Ron se mit entre le plafond et Brian. Ils étaient les yeux dans les yeux, ils n'avaient jamais était aussi proche l'un de l'autre à part le lendemain soir du match, ils pouvaient sentir le souffle de vie qui s'émanait de l'autre. Un souffle léger caressant leurs visages innocents.

– Deux semaines que l'on s'évite mutuellement, répondit Ron.

– Deux semaines déjà, que le temps passe, dit Brian en souriant.

A cette boutade, Ron ne répondit rien, il était perdu dans le regard de Brian.

– Ne m'en veux pas, murmura Ron.

– De quoi ?

Ron l'embrassa furtivement, le baiser dura à peine une seconde. Brian n'eu aucune réaction, il était resté là, immobile, à regarder Ron dans les yeux qui s'était retiré de ses lèvres.

– Pourquoi tu ne réagis pas ?

– Et toi pourquoi tu as fais ça, demanda Brian qui ne bougeait absolument pas.

Ron se rallongea et fixa le plafond comme il l'avait fait le soir de sa confession. Il voulait des réponses à ses questions, Brian était devenu trop présent dans chacune de ses pensées, pourquoi, il ne savait pas l'expliquer, plus les jours passaient, plus il était à ses côtés, plus il l'obsédait. Cela devenait dur à chaque fois qu'il pensait à lui, dit il à Brian. Son changement d'attitude était du à se titillement qu'il ressentait en lui. Ce soir, il voulait en avoir le cœur net c'est pour cela qu'il l'avait embrassé. Il s'était jeté à l'eau pour ne plus avoir cette sensation de se noyer. Puis Ron se tu dans un silence d'attente.

– La vue est moins belle à présent, dit Brian.

Ron ne comprenait pas, il resta allongé à attendre

quelque chose qui le ferait sourire et amènerait la légèreté que Brian savait tant apporter pour briser certaine gêne passagère. Brian se pencha à son tour sur lui. Il se mit entre Ron et le plafond. Il le regarda longuement dans les yeux, Ron avait du mal à soutenir son regard, il avait peur d'être jugé pour son acte qu'il avait osé. Brian balayait son visage, ses yeux marron, sa bouche délicate, ce menton carré mais pas trop, ses sourcils à la couleur de ses cheveux, ses cils pointés vers le ciel soulignant un regard confus et tendre à cet instant.

– La vue est magnifique à présent, dit Brian.

A son tour il l'embrassa. Le baiser dura plus longtemps, chacun appréciait le contact des lèvres de l'autre. Puis Brian se rallongea et fixa le plafond.

– Je me trompe ou ce n'est pas la première fois pour toi, demanda Ron.

– Tu ne te trompes pas, et toi ?

– Première expérience, répondit Ron.

– Je ne suis pas un rat de laboratoire, dit Brian en se levant du lit.

Il commença à rassembler ses affaires. Ron s'approcha de lui et l'arrêta dans son rangement. Il se pencha à nouveau sur lui et l'embrassa, il en avait encore envi, et il voulait aussi avoir une dernière certitude. Ron pressait Brian contre lui tout en l'embrassant langoureusement.

– C'est dur même quand tu es proche de moi, dit Brian en souriant.

– Tu m'apprendras, demanda Ron innocemment.

Tout ceci était très nouveau pour lui, il ne s'était jamais épris d'un garçon, bien sûr il se doutait que les choses n'étaient pas si différentes, mais il avait besoin d'être guidé.

– Et bien plus encore.

Les choses avaient définitivement changé entre eux. Le quarterback du lycée s'était amouraché ou plutôt avait pris conscience, de ce qu'il ressentait pour le premier de la classe qui était devenu son professeur particulier. Il allait à présent lui apprendre plus de cœur que de cours. Tout ceci était très nouveau pour lui, à présent il pensait différemment à Brian qui lui avait déjà vécu cela par le passé, il allait en quelque sorte l'initier.

Chapitre 8
Une nuit pour s'aimer

Les jours passaient et leur vie au lycée restait la même, ils paraissaient pour de bons camarades, Lisa ne se doutait de rien. Mais si ils ne s'exposaient pas en public, en privée les choses étaient différentes. Les moments de pauses n'étaient plus consacrés aux jeux vidéo, mais au jeu des baisers. Ron travaillait encore mieux et encore plus rapidement afin de profiter de Brian le maximum de temps. Brian était content d'être son moteur.

– Les cours finit, il faut maintenant que je fasse un peu de biologie, dit Ron en s'avançant vers le lit.

Brian y était étendu en train de lire un bouquin. Ron le lui enleva des mains, c'était l'heure de lui faire un câlin. Brian avait découvert un Ron en recherche constante d'affection, il avait besoin d'être au centre de l'attention. De longues étreintes et d'interminable baiser c'était ce qu'il préférait. Ce jour là, il commença à jouer au docteur, il souleva le tee-shirt de Brian pour poser l'oreille sur son torse afin d'entendre les battements de son cœur. Il commença à parcourir ce torse de baisers et à le mordiller à cet endroit, les baisers se firent plus insistant, plus intense, le corps de Brian était empli de frissons. Il commença ensuite à lui caresser l'intérieur des cuisses à travers son jean. Il leva ensuite la tête pour embrasser Brian sur les lèvres, qui était selon Ron d'une extrême douceur. Tout en l'embrassant, sa main droite essayait de déboutonner le jean qui se mettait entre lui et sa recherche de plaisir. Brian attrapa la main en quête de larcin et la stoppa. Ron ne comprenait pas.

– T'en as envie autant que moi, je le sens, dit Ron.

– J'en ai envie à chaque fois que tu es à côté de moi, fit Brian en apposant un baiser sur son front.

– Pourquoi pas maintenant alors, ça fait déjà une semaine que je te sens à chaque fois que je te prends dans les bras.

– Ce soir j'ai pas la tête à ça, je ne pense qu'à l'interro de demain, et j'arrête pas de réciter mon cours. Et puis pour ta gouverne, sache que j'en ai eu envie depuis que je t'ai massé.

Ron l'amena tout contre lui, même s'il n'avait pas eu ce qu'il voulait, il avait envie de sentir Brian tout près de son cœur.

– C'est pour ça que tu t'es enfui, dit Ron en souriant en pensant à l'effet qu'il avait suscité.

– Et il est content de lui.

Ron lui caressait le bras la tête penchée contre la sienne.

– N'empêche c'est moi qui devrais avoir peur, je l'ai jamais fait avec un mec, tu seras mon premier, dit Ron en s'allongeant sur le côté.

– Justement, j'ai peur qu'après tu changes d'avis.

– T'es si nul que ça, demanda Ron en rigolant.

Brian l'embrassa pour le faire taire, il embrassait divinement bien Ron était fou de ses baisers, Cristale ne lui arrivait pas à la cheville. Brian dit ensuite à Ron que demain soir, ils allaient l'avoir leur soirée et qu'ils seront tellement fatigués, que vendredi les cours ils allaient les bâcher pour pouvoir continuer toute la journée. Pour l'heure, il leur fallait réviser.

Le lendemain était une journée interminable pour Ron, le temps lui paraissait long, mais pourtant il devait faire preuve de concentration pendant l'interrogation. Pas facile quand Brian à côté, le dévorait des yeux dés que le prof avait la tête baissée, Brian s'amusait à l'allumer en plein devoir.

– Si je me suis planté se sera à cause de toi, dit Ron.

– Je me ferais pardonner.

– Si tu es à la hauteur de tes sous entendus, je veux bien me planter.

Impossible pour eux de s'embrasser de toute la journée, ils profitèrent de l'escapade de Lisa aux toilettes pour avoir cette conversation. Ils déjeunaient sur les gradins, il n'y avait pas trop de monde, mais assez pour se faire prendre.

Le ciel était dégagé, le soleil de midi éloignait les ombres, une légère brise venait de temps à autres rafraîchir les lieux. Ron espérait être en forme après l'entraînement car cette soirée il y avait tant songé. Il dit à Brian de venir seulement à vingt heures le temps de lui laisser préparer quelque chose à manger, ils leur fallait prendre des forces dit il amusé. Ron veilla pendant tout l'entraînement à ne pas se faire mal et à ne pas forcer, l'entraîneur se demandait bien ce qu'il avait. Il rentra immédiatement chez lui après, ce n'était pas son habitude, mais il avait tellement de chose à faire. Une fois douché, il prépara tout ce qu'il avait imaginé durant toute la journée.

Brian était pile à l'heure. Un langoureux baiser et il l'amena jusqu'à la salle à manger où la table était remarquablement dressée. Elle était immense comme la maison. Ron avait mis les couverts à chaque extrémité, le met qu'il avait pris soin de préparer était caché sous une cloche argentée. Brian riait à l'idée de ce dîner en tête à tête si éloigné. Ils parlaient fort pour se faire entendre. En découvrant son assiette Brian eu la surprise de voir un hamburger sur son lit de frite, il éclata de rire, ce dîner était d'un romantique comique. Ron essayait ainsi de faire tomber la pression en lui.

– Prends des forces, dit Ron à l'autre bout de la table.

– Ce dîner est assez riche pour gonfler mes batteries, dit Brian d'un sourire.

Pour le dessert, il fallait passer à l'étage. Ron laissa le soin à Brian d'ouvrir la porte de la chambre. Des bougies il y en avait par millier, Ron avait décidé de placer la soirée sous le signe du cliché, en plus elles étaient parfumées. Sur le lit, il y avait un bol de fraise et de chantilly, le tout sur un fond de musique douce qui dansait avec les flammes des bougies.

– Je ne te savais pas si romantique, dit Brian en regardant Ron.

Ron l'enlaça.

– Parce que tu le vaux bien.

Il lui fit ensuite un tendre baiser et l'entraîna vers le lit.

Ils s'y assirent le dessert posé entre eux. Ron prit une fraise qu'il trempa délicatement dans la chantilly avant de la porter à la bouche de Brian qui ne pouvait s'empêcher de sourire à la première bouchée. Ron quant à lui avait les yeux qui pétillaient. Etait ce la lumière des bougies qui s'y reflétaient ou était ce tout simplement Brian ? Il enleva le surplus de crème sur ses lèvres en l'embrassant. A son tour, Brian trempa une fraise dans la chantilly et la porta aux lèvres de Ron avant de faire marche arrière, il embrassa d'abord ses lèvres, la fraise aurait ainsi meilleur goût dit il. Après quelques autres bouchées, Brian prit les choses en main, il débarrassa le lit des fraises et de la chantilly, et alla les déposer sur la table basse, Ron l'attendait bien sagement sur le lit. Il était presque nerveux, il savait que le moment allait arrivé. En revenant vers le lit, Brian pouvait sentir que l'assurance légendaire de Ron s'était presque évanouie. Il l'embrassa avec tendresse, et parcourra son corps de caresses. Ron commença à se détendre. Brian commença à enlever son tee-shirt. Ron allait réellement avoir droit à sa soirée. Il enleva à son le tee-shirt de Brian. Tout en s'embrasant, ils commencèrent à déboutonner le pantalon de l'autre, l'enlever était une autre paire de manche. Agacé, Ron s'allongea et leva les jambes et enleva le sien rapidement, avec Brian il le fit plus délicatement. Leurs étreintes se poursuivirent en caleçon. Ron étant novice était un peu plus hésitant à ce stade, se caresser et s'embrasser était une chose, mais passer à l'acte en était une autre.

– Ça va, demanda Brian en lui caressant le visage.

Ron posa sa joue dans le creux de sa main, il ferma les yeux et y posa un baiser.

– Ça va, répondit Ron avec l'air moins assuré qu'il affichait le jour d'avant, mais toujours avec un sourire.

Côte à côte l'un en face de l'autre, leurs regards brillaient, mais pas seulement à cause des flammes qui s'y reflétaient. Ils étaient presque à l'état de nature, une seule chose devait encore être ôté avant qu'ils ne se soient vêtus que de leur nudité. Brian l'embrassa pendant que sa main retirait lentement la feuille de vigne qui cachait cet endroit encore inexploré par lui. Il contempla ensuite Ron dans sa belle nudité qui à son tour fit la même chose avec lui. Ce soir, ils s'étaient découverts pour mieux se découvrir à l'envoûtante lumière des bougies. Ils s'endormirent ensuite dans les bras de l'un et de l'autre jusqu'au lendemain matin.

Ron était le premier levé, Brian était de l'autre côté du lit bien loin de lui, il bougeait énormément la nuit. Il était déjà dix heures, la chambre baignait dans la légère clarté d'une lumière presque vaporeuse, comme celle que le brouillard enveloppe. Ron se rapprocha de Brian en veillant de ne pas le réveiller, il dormait profondément. Il l'enlaça de son bras, il avait besoin de sa chaleur. Il pensa ensuite au lycée, il devait y être à l'heure actuelle, mais au lieu de ça, il était là à enlacer le premier de la classe. Si les autres le voyaient pensait il, il se mit alors à rigoler. Qui aurait pu croire un jour qu'il se serait épris de quelqu'un du même sexe que lui, lui-même n'en revenait pas, mais cela ne l'incommodait pas. Il se sentait tout simplement bien avec ce garçon qui lui faisait apprendre ses leçons. Il avait appris avec lui une autre facette de sa vie, de ses sentiments. L'aimait il ? Certainement, sinon il n'aurait pas fait ce qu'il a fait, et il n'aurait pas été là, à chercher le contact de son âme. Il embrassa l'épaule de Brian qui se retourna, ouf se dit il, il ne l'avait pas réveillé, Morphée ne l'avait pas encore laissé s'en aller. Puis peu à peu, Brian entrouvrit les yeux sur un torse imberbe et musclé, il releva un peu la tête, Ron lui souriait.

– Bonjour vous, dit il.

– Bonjour.

– Bien dormi ?

– Bien dormi, répondit Brian en se blottissant encore plus dans ses bras tout en s'étirant.

Ron le frictionnait juste pour le toucher et lui faire sentir qu'il était là, et qu'il prendrait soin de lui toute la journée, et plus si affinité. Après un tendre câlin, Ron l'abandonna un instant pour aller préparer le petit déjeuner. Brian le rejoignit quelques instants plus tard.

– J'allais te le monter, fit Ron en train de garnir le plateau.

– Et tu m'aurais demandé de t'épouser, lui demanda Brian en s'accoudant à la table de travail.

– Ben non, j'ai oublié d'acheter la bague.

Ils rigolèrent de tous les clichés de la veille, il les avait vu si souvent dans les films qu'à son tour Ron avait voulu les vivre, même avec Cristale il n'avait pas été si romantique, c'était elle qui sortait la lyre. La maison était à eux toute la journée, Ron avait donné congés aux employés depuis la veille afin d'avoir plus d'intimité. Ils prirent leur petit déjeuner en silence simplement à se regarder, et à sourire à ceux qu'ils étaient devenus, un couple. Dans le courant de la journée, Lisa avait appelé Brian afin de savoir si tout allait bien, il répéta la question posée en regardant Ron dévêtu à ses côtés, oui tout allait bien. Ron l'embrassait sur tout le corps pendant qu'il discutait, il lui était impossible de parler, il raccrocha en disant à Lisa qu'il la rappellerait plus tard. Lisa de son côté était dégoûtée qu'ils avaient pu bâcher sans l'en informer, elle aurait aimée participer à ce qu'ils avaient fait.

Brian eu droit à des reproches pendant tout le week-end, elle était passée pour lui remettre les cours, et il l'avait aidé ensuite à mettre de l'ordre dans son grenier l'heure d'après. C'était une façon pour lui de se racheter. Si elle connaissait la vérité se disait Brian elle n'aurait certainement pas voulu y participer, d'ailleurs lui ne le voulait pas, Ron peut être.

Chapitre 9
Déclaration

Ce vendredi soir, Brian et Ron avaient l'intention d'aller au Grill de la ville pour y manger les meilleures grillades de la région. Afin de se racheter, Brian invita Lisa qui déclina l'offre, elle devait aller manger quelque part avec toute sa famille, ses deux parents ainsi que son petit frère et sa petite sœur. Elle ne savait pas très bien encore où elle allait, c'était aux plus petit de décider, une prochaine fois dit alors Brian.

Au Grill, il y avait foule, et tout particulièrement des familles avec leurs tendres enfants bruyants. Le cuire rouge et le bois chêne était l'emblème de ce restaurant, les odeurs de grillade mettaient en appétit dès que l'on passait l'entrée. Par chance, ils trouvèrent une table à quatre places, la dernière de libre pour l'instant. Brian n'était jamais venu ici, il était agréablement surpris, la carte des menus lui donnait l'eau à la bouche. Ron assis en face de lui avait déjà choisit. Ne sachant pas ce qui était bon, Brian commanda la même chose que lui. C'était la première fois qu'ils dînaient à l'extérieure depuis qu'il était officiellement ensemble. Brian ne pouvait s'empêcher de regarder autour de lui comme à chaque fois qu'il le faisait quand il était dans un nouvel endroit. Il passait son regard de table en table, observant discrètement les clients. Certaines scènes valaient le coup d'œil, comme cet enfant qui faisait une scène face à des parents désemparés incapable de le remettre à l'ordre, d'autres étaient plus touchantes comme cette mère essuyant tendrement et avec sourires, la bouche empli de ketchup de son petit dernier. Il y avait aussi ce couple, dont la fille tendait sa fourchette à son bien aimé pour lui faire goûter ce qu'elle avait choisit, visiblement son choix ne lui convenait vu la grimace qu'il fit, ce qui la fit rire. Ron vit Brian sourire à la vue de cette scène.

– Mignon.

– Oui, ils forment un joli couple, répondit Brian en gardant les yeux rivés sur eux avant de les poser sur Ron.

Ron accoudé la tête posé sur ses mains, balançait la tête.

– Non. Mignon c'était pour toi.

– Ha, fit Brian.

– Tu es un petit curieux n'empêche.

Brian balança vivement la tête.

– Mais pas du tout, j'aime juste regarder les gens vivre autour de moi.

– Je ne vis pas assez à ton goût ?

Brian toucha de son pied celui de Ron.

– Tu m'as compris.

Ron compris par ce geste que les attentions qu'ils se portaient chez lui ne pourraient se faire en public. Ils ne pouvaient que se sourire et se dire avec les yeux ce qu'ils ressentaient.

Après le passage de la serveuse, deux filles s'approchèrent d'eux. Deux blondes habillées avec des couleurs acidulées. Elles n'étaient pas de la ville, mais d'une des villes voisines. Elles avaient parcouru le restaurant de long en large à la recherche d'une place. Les voyant seuls elles s'étaient dit qu'elles auraient pu les accompagnés, elles étaient si charmantes et si jolies que Ron ne pouvait que dire oui. Brian lui, était obligé de le suivre et puis de nouvelles têtes ce n'était pas si grave, la soirée ne serait que plus sympa pensait-il. Ils se présentèrent mutuellement et fit un brin de causette.

La serveuse arriva ensuite avec leur commande et pris celle des demoiselles. En parfait gentleman, ils attendirent qu'elles soient servies pour commencer à manger. Brian était peu loquas comme s'il était contrarié, Ron avait beau lui sourire et lui faire du pied, impossible pour Brian de se détendre. Elles étaient vraiment jolies se disait il, il n'avait que ça en tête, l'une d'elle devait certainement lui plaire se disait il en pensant à Ron. Brian ne savait pas vraiment ce que leur relation était, peut être était il un simple écart de conduite pour Ron qui était habitué à draguer les filles. Il se sentait menacé par ces deux beautés comme il les avait intérieurement qualifié en maudissant leur présence. Son téléphone le ramena dans le monde réel, c'était Lisa, elle était en voiture. Le bruit de la salle faisait que l'appel était inaudible, il sortit de table et puis du restaurant.

– Pas trop bavard ton copain, lança la blonde Jessica assise à côté de Ron.

– Mais il est mignon, répondit Callie l'autre blonde.

Ron acquiesça intérieurement à la dernière remarque tout en regardant Brian sortir du restaurant.

Dehors, il entendait mieux, Lisa allait venir au Grill avec sa famille, ils allaient donc pouvoir se voir. A son retour, Ron lui souriait toujours.

– Qui c'était, demanda-t-il.

– Lisa.

– Ce n'est pas une petite amie jalouse au moins, très peu pour moi les crêpages de chignon, dit Callie.

– Non, répondit poliment Brian.

Il avait remarqué que Jessica était drôlement collée à son capitaine. Il n'appréciait pas ce spectacle, mais il essayait de le cacher. C'est ainsi que Jessica devint la « blondasse ». Ron ne faisait que sourire. La commande des blondes enfin arrivée, Brian se jeta sur son assiette pour manger sa rage. Il levait à peine la tête, et quand il la levait, c'était pour regarder sur le côté afin d'éviter de croiser ce que ses yeux ne voulaient voir. Ron se doutait que quelque chose n'allait pas, mais il ne trouvait pas le regard de Brian pour pouvoir aller en discuter. En essayant d'éviter cette scène de drague entamée par la blondasse, il aperçu Lisa de loin, il s'excusa en quittant de nouveau la table, mais sans un regard pour ses occupants.

– Il parle pas beaucoup, mais il est polit, dit la blondasse.

– Et toujours aussi mignon, dit l'autre blonde.

Brian était allé rejoindre Lisa et saluer sa famille par la même occasion. Il se joignit à eux. L'espace d'un instant, il oubliait Ron en charmante compagnie, en fait, il s'efforçait d'oublier. Il n'était pas en mesure de lui faire une scène, il n'était même pas sûr de ce que Ron ressentait pour lui. Il pensait que Ron aurait pu faire comprendre à la blondasse qu'il n'était pas intéressé, mais son ego était bien trop flatté par cette approche à peine dissimulée.

Lisa était contente de le voir, enfin une tête qui ne lui était pas familiale. Sa famille était gentille, mais à son âge par moment elle pouvait s'en passer, surtout quand le trajet était rempli de cris et de pleures d'enfants. Mais à part ça, tout allait bien, c'était une famille modèle comme celle que Brian avait et celle dont Ron rêvait. La commande de la famille de Lisa déposée, Brian quitta leur table et regagna la sienne tant bien que mal. Il avait envie de s'échapper, mais impossible ce n'était pas lui qui conduisait, il pensait alors à subtiliser les clefs et de s'enfuir comme un voleur, mais il décida de rester quand même dans cette configuration qui ne lui plaisait pas forcément. Rester assis et se taire, c'est ce qu'il avait décidé de faire. Il s'assit donc à sa place et esquissa un sourire automatique, comme celui qu'il avait pour cacher les apparences. La blondasse était en pleine conversation avec sa nouvelle cible, elle riait à tout ce qu'il lui disait. Comment elle flirtait sous son nez et comment Ron lui souriait ! Callie essaya de discuter, mais Brian était trop préoccupé pour pouvoir tenir une conversation, il n'avait que des phrases courtes.

– J'adore les garçons mystérieux, dit elle.

Brian se tourna vers elle.

– Je suis désolé, mais je suis un peu préoccupé.

– Par moi j'espère.

Brian eut un léger sursaut déguisé en sourire.

– En tout cas c'est direct, dit il en haussant les sourcils.

– Je ne suis pas du genre à tourner autour du pot lorsqu'un garçon me plaît, fit elle le regard en coin.

La phase de séduction était lancée.

Ron s'arrêta de discuter et tendit une oreille attentive à ce qui se passait devant lui. La blondasse quant à elle, continuait de lui parler et de le charmer.

– Je suis désolé, mais j'ai déjà quelqu'un… enfin je crois.

Callie eut un léger mouvement de recule.

– Tu crois, demanda la blonde étonnée.

Brian détourna son regard vers le fond de la salle.

– C'est une histoire assez compliquée.

– Je ne te connais pas, mais tu es déjà honnête et c'est déjà ça, je pense que de l'honnêteté doit certainement découler d'autres qualités. Dire que je passe à côté de quelqu'un de bien, ragea-t-elle.

Ron resta un instant à fixer Brian qui lui accorda une demi seconde de regard.

– Et en quoi l'histoire est compliquée, demanda Ron.

Brian était surpris que Ron relève ce qu'il avait dit, il ne pensait pas qu'il avait écouté même si il l'avait dit dans ce but.

Brian sourit en le regardant la tête légèrement inclinée comme si à son tour il le draguait.

– Je n'ai pas envie de m'étendre sur ce problème qui m'appartient.

– Tes problèmes sont mes problèmes.

Ron avait un regard insistant.

– Si c'est pas de l'amitié je ne sais pas ce que c'est. Laisse le, il n'a peut être pas envie de parler de ça avec toi devant deux filles de passage, dit Callie.

– C'est vrai, vous aurez tout le loisir de discuter après notre départ, dit la blondasse en jouant avec une de ses mèches tout en souriant à Ron.

– On en discutera plus tard, dit Ron sur un ton sérieux.

Après avoir aussi bien mangé, la soirée ne pouvait pas se terminer, pas si tôt se lamentait la blondasse qui proposa de faire un bowling. Le calvaire de Brian n'était donc pas fini, tout comme la campagne de drague de son « ennemie ». Il leva les yeux au ciel en se demandant ce qu'il avait bien pu faire. Il alla informer Lisa de la suite de la soirée, ses parents la laissèrent partir, Ron et lui la raccompagnerait. Dans le 4X4, pas moyen pour Ron et Brian de discuter, Lisa était à l'arrière. Elle se demandait d'ailleurs pourquoi ils étaient si silencieux.

– On apprécie la musique, répondit Brian.

– C'est cela, dit Ron en regardant Brian.

Lisa se rabattit contre le siège arrière et appréciait à son tour la musique en se demandant bien pourquoi l'apprécier.

Sur la piste stratifiée éclairée par la lumière blanche des néons, les équipes s'étaient composées, blondasse et Ron était ensemble, c'était elle qui avait décidé. Brian lui devait faire équipe avec Lisa et Callie. C'était eux qui commençaient. Brian prit la boule, il s'avança et se concentra. Il imaginait que sur chaque quille il y avait la tête de la blondasse. Il effectua sa course, lança la boule qui roulait et roulait sur le parquet en direction des quilles, strike, la blondasse était finie. Il regarda alors Ron, c'était à son tour, essaye de faire mieux dit Brian. Ron lui décocha un sourire sous les encouragements de sa blondasse du soir. A son tour, il effectua une petite course, les quilles n'étaient que des quilles, la boule se dirigea vers elles à toute vitesse, elles allaient capituler sous son impact. Ron regarda Brian l'air de dire « moi aussi je sais faire ». Ils se comportait comme des rivaux, mais pourquoi ? L'explication, était qu'ils se sentaient blessé par l'autre. Cette blessure n'était pas volontaire, Ron était blessé par le comportement de Brian qui semblait ne pas lui faire confiance, et Brian lui, ne savait pas quoi penser de l'attitude de Ron, ce sourire qu'il avait quand il lui parlait, Ron piège à jolie fille, sa réputation jouait contre lui. Brian avait tout simplement peur de n'être qu'une expérience. Il avait peur de s'être déjà trop investi dans ce qui pourrait être pour Ron qu'une passade, une lubie. Leur pseudo duel s'arrêta lorsque la partie se termina, mais surtout avec le départ des filles.

Le trajet les menant jusqu'à chez Lisa se fit dans le plus grand des silences, un silence dans lequel on pouvait y voir la tension entre Brian et Ron.

– J'espère que vous réglerez votre problème avant qu'on ne se revoit, dit Lisa en sortant du 4X4.

Ron et Brian se regardèrent, il fallait qu'ils parlent. Ron n'allait pas reprendre la route tant que Brian ne lui aurait pas dit le fond de sa pensée.

– On est seul, on peut discuter maintenant, dit Ron.

– J'ai peur.

Brian jeta un œil dans le rétroviseur extérieur.

– Peur de quoi, demanda Ron avec une voix délicate tout en lui prenant la main.

– J'ai peur que tu réveilles un jour en te disant que j'étais un passe temps.

Ron balança légèrement la tête de gauche à droite. Ron repensa au début de soirée, Jessica avait fait, son effet dans l'esprit de Brian. Il regarda une voiture passer, et regarda ensuite Brian.

– Des jolies filles j'en ai vu plein avant qu'il ne se passe quelque chose entre nous.

– Peut être, mais tu peux toujours prendre conscience que je suis une erreur.

Ron jeta un œil furtif dans le quartier comme si ce que Brian venait de dire n'avait aucun sens pour lui.

– Une erreur, dit il en soupirant et en balançant la tête avec un sourire, puis il reprit, je me rappelle t'avoir dit lorsque j'étais saoul, que tu étais la petite amie parfaite, que t'étais à la bonne taille, que tu prenais du temps pour moi, que tu étais serviable… et en plus tu m'aides à faire mes devoirs.

– Ce n'est pas le moment de me faire rire.

Ron pris un air sérieux.

– En fait, c'est toi qui as raison, j'ai commis une erreur… en te disant que tu étais la petite amie parfaite et qu'il fallait que tu te fasses opérer. Pas d'opération, je t'aime justement pour ce que tu es.

Brian n'en revenait pas de ce dernier mot, jusqu'à ce que son téléphone se mette à sonner, à l'autre bout du fil c'était Lisa. Qu'est ce qu'elle avait le chic de se pointer à ce moment là pensait Brian, en fait, il aurait pensé la même chose de toute autre intrusion téléphonique ou bien physique, un klaxon, une personne, une chouette, tous aurait été victime de son courroux intérieur. Lisa lui dit qu'elle était sur le point d'appeler la police, car deux obsédés sexuels étaient devant chez elle, et la regardait se déshabiller certainement en se tripotant. Brian ne pouvait s'empêcher de rire, il rapporta aussitôt l'affaire à Ron qui prit ensuite le téléphone.

– On reluquait ton nain de jardin sur la pelouse pas toi, on est pas zoophile, dit Ron.

– Connard, cria Lisa dans le combiné avant de raccrocher.

Ron redonna à Brian son téléphone et démarra, il était fier de sa blague. Brian était lui aussi plier de rire, mais n'avait pas oublier les derniers mots prononcés qui résonnaient encore en lui.

A leur arrivée chez Ron, ils se jetèrent dans le bain à remous de la salle de bain particulière de Ron. Ils étaient recouverts de mousse jusqu'au menton et ils se faisaient masser par les bulles qui s'échappaient du fond et des côtés de la baignoire. L'appui tête était parfait, la décontraction était totale. Ils restèrent comme ça sans rien dire, juste à apprécier ce havre de paix et de sérénité retrouvée. Le début de soirée avait été chamboulé, mais à présent c'était oublié. Ron se leva, l'eau et la mousse ruisselait sur son corps, sur cette peau que Brian trouvait douce, il se dirigea ensuite vers la douche. Brian profitait encore de ce bain, mais avait un œil sur ce qu'il se passait sous la douche, il se leva à son tour et alla le rejoindre. Ron se mit à sourire lorsqu'il le vit à ses côtés, mais il continua à se rincer après l'avoir embrassé. Il enfila ensuite son peignoir et quitta la salle d'eau. Brian le suivit juste après. Dans la chambre à coucher, Ron était en train de se sécher avant de se mettre au lit. Sous les draps, il regardait Brian s'avancer avec cette moue qu'il avait quand il était contrarié.

– Qu'est ce que t'as, lui demanda Ron.

– Je n'ai jamais de vêtement de rechange quand je viens passer la nuit ici.

– Mon dieu oui, comme c'est terrible !

– Dit celui qui habite ici et qui à sa disposition une quantité phénoménal de caleçon et autres vêtements.

Brian se glissa sous la couette.

– Si on faisait la même taille je te les aurais prêté, la faute à qui, t'avais qu'à grandir.

Brian lui balança un oreiller en pleine figure.

– Ouais mais bon, pense que c'est pas pratique.

– Tout ceci est un détail, je t'en achèterais des caleçons, pense plutôt à celui qui partage ton lit.

Brian souriait, se disant que ce lit n'était pas à lui, mais Ron semblait voir les choses autrement ce qui lui faisait plaisir. D'ailleurs cette réflexion lui fit repenser à leur dernière conversation avant que Lisa ne les interrompe.

– C'était une déclaration ?

– Quoi les caleçons, fit Ron en calant sa tête sur son oreiller.

– Non, tout à l'heure dans la voiture.

– Je ne vois pas de quoi tu parles, dit Ron avec ce sourire qui voulait dire le contraire.

Il se mit sur le dos.

– Moi aussi.

– Moi aussi, quoi, fit Ron en tournant la tête vers Brian.

– Moi aussi pour répondre à ce que tu as dit tout à l'heure.

Ron se mit à sourire, il voyait très bien où Brian voulait en venir, il voulait lui faire dire « je t'aime » une fois encore.

– Bonne nuit, fit il ensuite avec un sourire.

Brian se rapprocha de lui et se glissa sous ses bras, il resterait tout la nuit comme cela, et toute la vie si cela lui était permis. Ron le serra fort de son bras gauche en le secouant également, c'était signe qu'il avait compris sa tentative. Brian souriait en s'endormant paisiblement.

Chapitre 10
Surprise

La lumière dans la chambre n'était pas totale, les rideaux aux fenêtres filtraient les rayons du soleil. Ron se levait à peine lorsqu'il entendit le bruit des graviers dans l'allée. Il sortit du lit et se dirigea en titubant vers la fenêtre, il avait encore un peu sommeil. Il écarta les rideaux blancs afin de voir ce qu'il se passait. Une limousine venait de s'arrêter, il la reconnu immédiatement, c'était celle de ses parents, ils étaient de retour. Ron se précipita sur le lit, secoua Brian pour qu'il se réveille, mes parents répétait il, mes parents. Puis il couru jusqu'à sa salle de bain récupérer les affaires de Brian, tee-shirt et jean sous les bras, chaussettes et baskets dans une autre main, il regardait autour de lui pour voir si il n'avait rien omis. Il regagna ensuite la chambre secouant de nouveau Brian qui venait pourtant d'émerger, il lui balança ses affaires à la figure, habille toi vite cria-t-il en se jetant dans sa penderie. Il attrapa les premières fringues venues et s'habilla aussi vite que possible, Brian aussi s'habillait en toute rapidité. Ron était très stressé à l'idée que ses parents le surprennent avec Brian. Il s'activa à faire le lit pendant que Brian ouvrait tous les rideaux. La lumière était éblouissante, il détourna un instant la tête. Ron se mit à son bureau et se dépêcha d'ouvrir un cahier, il dit à Brian de se poster dans le canapé. Quelques instants plus tard, quelqu'un frappa à la porte.

– Entrez, dit Ron.

La porte s'ouvra et un parfum embauma la pièce, Ron se retourna vers la porte tout comme Brian.

Une femme était là, vêtue d'un chemisier blanc légèrement déboutonné au niveau du col, ce qui laissait apparaître un collier de perles à son cou, d'un pantalon noir qui tombait sur ses chevilles, mais qui ne cachait pas ses noirs talons aiguilles. Ses cheveux noirs coiffés d'un chignon, mettaient à nu les lignes fines de son cou et les diamants qu'elle portait à ses oreilles. Son eyeliner et son mascara, relevait encore plus le bleu de ses yeux, sa bouche était quant à elle soulignée par un rouge discret. Elle se mit à sourire en laissant entrevoir la blancheur miroitante de ses dents. Elle resta à l'entrée la main sur la poignée, elle attendait.

– On ne vient pas m'embrasser, demanda-t-elle de sa douce voix maternelle.

Ron se leva et se dirigea vers elle, un sourire aux lèvres, il la pris dans ses bras et la souleva du sol, cela faisait déjà quatre mois qu'ils ne s'étaient pas vus, elle était en voyage. Elle déposa sur sa joue un bisou, vérifia ensuite par habitude qu'elle n'avait pas laissé de trace.

Ce à quoi Ron répondit par des sourcils en point d'interrogation, la moue de sa mère lui donna aussitôt une réponse, aucune trace. Sa main posée sur sa joue alla caresser ses cheveux, elle le recoiffait. Ron se laissait faire sous le regard attendrit de Brian qui assistait aux retrouvailles d'une mère et de son fils. Les mèches rebelles domptées, elle contempla ce fils qui lui avait tant manqué, elle caressa sa joue souriant à l'ombre de sa barbe. Elle se disait à cet instant qu'il n'était plus un enfant. Ramenant son regard sur ses yeux, elle poussa un soupir enveloppé d'un sourire.

– Tu es toujours aussi beau, ce qui n'est pas nouveau, dit elle en souriant avant de reprendre, par contre ce qui est nouveau c'est que tu sois assis devant ton bureau.

Ron regarda derrière lui, et revint sur elle un sourire aux lèvres.

– C'était le seul meuble de ma chambre que je n'avais pas encore testé.

Elle regarda en direction de Brian, elle ne l'avait jamais vu auparavant, elle chercha des yeux un blouson aux couleurs de l'équipe de foot de son fils, elle n'en voyait pas. Qui était donc ce jeune garçon sans blouson ?

– Je ne crois pas vous connaître, dit elle en son attention.

Brian debout à côté du canapé s'avança vers elle.

– Je te présente Brian, dit Ron en regardant sa mère, Brian je te présente ma mère, acheva-t-il.

– Enchantée, dit elle en lui serrant la main et avec un sourire de sympathie. Le fait d'agiter son poignet faisait lever dans l'air les effluves de son parfum délicat.

Brian la regardait droit dans les yeux.

– Enchanté, dit Brian à son tour fasciné par sa beauté et enivré par cette douce odeur.

Elle avait un regard bleuté qui vous transperçait et qui vous charmait.

De son côté elle regardait chaque parcelle de son visage, l'ensemble était harmonieux, avec cependant des yeux clairs qui contrastait avec le brun de ses cheveux.

– Vous faisiez quoi les garçons avant que je ne vous interrompe ?

Les mains jointes, elle balaya de ses yeux la chambre de son fils.

– Brian me faisait travailler.

– Ah oui, c'est donc toi le Brian dont m'a parlé Walter.

Sur son visage pouvait se lire une certaine reconnaissance et une once de stupeur également.

Walter était le prénom du proviseur, c'était un vieil ami de la famille, il veillait au bon résultat scolaire de leur fils. Il les avait appelé pour les informer de ce qu'il avait décidé et les rappela ensuite pour leur faire part de ses nets progrès.

– C'est donc à toi que l'on doit ses progrès phénoménal si j'en crois Walter, rajouta-t-elle encore plus surprise.

Brian souriait timidement, il était intimidé par la prestance de madame Williams.

– Phénoménal, tout est relatif, je ne lui ai pas encore fais décrocher un A, répondit Brian en minimisant son travail.

Elle posa une main sur son bras, une main aussi douce que son geste.

– Ne te diminue pas, tu as réussi là où bien d'autre ont échoué, et dieu seul sait comme ils étaient surqualifiés, surdiplômés et ô combien on les surpayait.

Elle enleva sa main et fronça les sourcils.

– Tu dois avoir un secret ?

Brian souriait à ce qui venait d'être dit, les meilleurs des meilleurs avaient abandonné l'idée de faire progresser le beau gosse du lycée.

– Je pense que le fait d'être dans la même classe, et d'être dans la même galère qu'est le lycée, laisse la confiance s'installer, et ainsi il est ouvert au travail et à l'apprentissage. Et comme je travaille en même temps que lui, il n'a pas l'impression d'être le seul à bosser.

Madame Williams hochait la tête à ce que Brian disait.

– On te réglera tes honoraires, dit elle.

– Mes honoraires, demanda Brian étonné.

– Tout travail mérite salaire, il est donc normal que l'on te paye.

– Avec le proviseur il n'était pas question d'argent, et puis cette aide figurera dans mon dossier scolaire, vous savez si je devais me faire payer à chaque fois que je venais en aide à un élève en difficulté, je serais immensément riche, dit il en rigolant.

Madame Williams leva la tête au ciel, et la balança de gauche à droite.

– Serviable et gratuit, tu es un oiseau rare de nos jours, dit elle d'un sourire.

Elle se tourna vers Ron.

– Ron, tu l'as remercié j'espère.

– Oui m'man, à chaque fois après avoir finit de travailler.

Elle pinça et joua avec son menton. Il était encore son petit garçon, Ron était presque gêné de sa réaction. Brian avait un air attendrit.

Madame Williams se retira ensuite en cuisine dire à la cuisinière ce qu'elle et son mari voulait pour le déjeuner.

– C'était ma mère, dit Ron en soupirant.

Il se laissa tomber dans le canapé.

– Elle n'a pas l'air méchante, fit Brian en s'installant à côté de lui.

– Elle n'a pas le temps, ils sont tout le temps absents.

– Tu leur en as fait part ?

Ron, la tête posée contre le dossier porta son regard vers Brian.

– Non, cela ne servirait à rien, je vais bientôt partir pour l'université si je continue dans mes progrès, et on se verra pendant les fêtes comme depuis mes dix ans, dit il avec un peu de regret.

– Il y a des tas d'ados qui paieraient pour ne pas voir leurs parents et toi…

– … et moi je suis payé pour compenser le manque occasionné, dit Ron avec ironie.

Ron était un grand gaillard qui sous cette carapace cachait d'éternels regrets. Brian pris congés afin de laisser à cette famille l'occasion de se retrouver et de partager. Il se leva du canapé en claquant la cuisse de Ron.

– Je m'en vais.

– Pas si vite, fit Ron.

Il prit la main de Brian et le fit tomber sur lui. Allongé sur Ron, Brian était sous le charme de son regard rieur, et de ses lèvres qui dessinèrent ensuite un sourire.

– J'ai oublié de te remercier.

– C'est nouveau ça.

Ron plongea dans ses yeux clairs avant de l'embrasser.

– Voilà, à présent tu peux filer.

Brian sourit en refermant la porte derrière lui.

Ron passa l'après midi avec ses parents qui lui racontaient tout ce qu'ils avaient fait, ils avaient traversé tout le pays afin de se rendre dans leurs différentes entreprises pour montrer qu'ils étaient bien présents même s'ils étaient souvent en déplacements. Ils avaient des intérêts dans presque tous les secteurs d'activités. Tous deux étaient de riches héritiers destinés à se rencontrer et à régner sans partage sur les affaires qui leurs avaient été léguées. Ron avait sa voix toute tracée depuis son plus jeune âge. C'est lui qui un jour aurait tout cela en héritage. Le soir ses parents avaient été invités chez des amis pour dîner, profitant de leur absence il était allé se rendre chez son amant comme il l'aimait à l'appeler dans l'intimité.

Il frappa à la porte de la maison des MacKenzie, mais il n'y avait aucune réponse. La voiture familiale n'était pas là, Brian devait être au premier et donc ne pouvait l'entendre frapper. Il ouvra finalement la porte qui bizarrement n'était pas fermée à clef. La musique émanant du premier se faisait entendre depuis l'entrée. Ron grimpa une à une les marches de l'escalier. Le son couvrait celui de ses pas. Il regarda autour de lui, l'étage était désert et cette musique si forte l'intriguait. Brian n'était pas du genre à écouter du métal à fond. Il pensa alors qu'un tueur était venu l'égorger et qu'il avait mis de la musique afin d'étouffer les cris de la victime que Brian était. Ron s'avança lentement vers la porte de la chambre grande ouverte, dont la lumière éclairait une seule partie du couloir plongé dans le noir. Il faisait en sorte de ne pas se faire entendre. Devant la porte, il ne constata aucune trace de lutte et de sang sur le mur, Brian était simplement allongé sur le lit avec ses jambes dans le vide. Brian ne l'entendit pas s'avancer. Arrivé à sa hauteur, Ron mit un genou sur le lit et s'appuya à l'aide de ses deux mains, une de chaque côté de la tête de Brian, qui ne bougeait toujours pas. Penché ainsi sur Brian presque nez à nez, il le regardait qui souriait, savait il que c'était lui ? La musique s'arrêta brusquement.

– Je peux savoir ce qu'il se passe ici, demanda Lisa qui revenait des toilettes.

Ron tourna la tête dans sa direction avec de grands yeux étonnés de la voir ici et surtout à ce moment précis. Brian ouvrit les yeux, la vue de Ron au dessus de lui et surtout celle de Lisa juste à quelque pas le fit sursauter. Dans sa panique, il se releva sans crier garde, son front se cogna violemment à la mâchoire de Ron. Le choc était audible.

– Aïe ça doit faire mal, dit Lisa la main devant la bouche comme si c'était elle qui venait de recevoir le coup.

– Mais tu peux pas faire attention, cria Ron qui se tenait la mâchoire.

– Et toi d'abord qu'est ce que tu fais là, lui demanda Brian en se tenant le front et en grimaçant.

Ron s'assit sur le rebord de lit.

– Je passais par là, c'est tout, fit il en grimaçant sous la douleur.

Brian se leva du lit et se dirigea vers son miroir posé sur l'armoire.

– T'aurais pu prévenir.

Brian regardait les dégâts. Une belle bosse commençait à pointer le bout de son nez.

– T'aurais pu sentir que je montais sur le lit.

Brian se retourna d'un coup sec.

– Je pensais que c'était Lisa, dit il en élevant la voix.

– Et ben non perdu, c'était moi.

– Je crois que je suis au courant, dit Brian, j'ai même senti la présence de ta mâchoire.

– Et moi celle de ta grosse tête !

Ils ressemblaient à deux enfants qui se disputaient pour rien de bien important. La peur d'avoir pu être pris sur le fait leur faisait perdre la tête.

– Stop, stop les gars, on va à la cuisine mettre un peu de glace sur tout ça, dit Lisa en essayant de les ramener à la raison.

La cuisine n'était pas tape à l'œil comme celle de Ron, elle n'était pas du style épuré qui était la tendance du moment. Cette tendance hypocritement simple et épurée, mais qui coûtait des milliers de dollars. Chacun assis sur une chaise autour de la table, tenait un torchon rempli de glaçons à l'endroit du choc frontal. De retour de la salle de bain avec un gel préconisé pour ce genre de petit bobo, Lisa ne pouvait pas s'empêcher de sourire à la vue de Brian et de Ron un torchon à la main. Brian prit le gel qu'elle lui tendait, et faisait mine de lire sur la notice tout en mettant une noix sur son index et son majeur.

– Appliquer avant toute chose sur les connards.

Il joignit le geste à la parole. Il appliqua le gel

froid et visqueux sur la mâchoire de Ron qui lui souriait en coin. Plus il massait, plus le regard de Brian perdait de sa malice, et laissait place à de la tendresse, son geste ressemblait plus à une caresse qu'à un acte médicale. Lisa adossée à l'évier regardait d'un œil discret ce qui se passait. Ron à son tour pris le tube de gel et en mis sur ses doigts.

– Appliquer en dernier sur les petits cons, dit il en souriant.

Lisa pouffait de rire.

Ron tapota d'abord, Brian grimaçait et n'arrêtait pas de lui dire qu'il était con, et qu'il lui faisait mal.

– Sans blague, répondit Ron avec le sourire en sachant très bien ce qu'il faisait.

Ses gestes par la suite étaient plus délicats, et il avait un regard complice pour celui qui l'avait mis dans le même état.

Lisa continuait de les observer dans le silence en pensant que la lueur réciproque dans leur regard malicieux n'avait pas grand-chose à voir avec de l'amitié. Elle essayait de comprendre ce qui se passait, mais n'osait rien demander de peur de les vexer si ce n'était pas la vérité. Elle attendrait donc avant de se faire avoir par son imagination. Elle mâchouillait une de ses mèches de cheveux tout en les observant, elle passait de Brian à Ron, leur sourire disait tant de chose. Elle regarda ensuite la scène dans sa globalité, de la tendresse s'en dégageait. Elle pouvait la sentir. Elle ramena ensuite sa mèche derrière son oreille se disant qu'elle se faisait des idées.

Après son départ, Ron était enfin seul avec Brian. Ils étaient au salon en train de regarder la télévision.

– Ils sont parti où tes parents ?

– Au restaurant, d'ailleurs ils ne devraient pas tarder, fit Brian en regardant l'heure sur la pendule.

Ron feuilletait le programme télé sans y porter attention.

– Tu crois qu'on a le temps de…

– Je ne suis pas pour le vite fait bâclé.

Ron déposa le magazine qu'il avait dans les mains, et s'assit à côté de Brian les yeux rivés sur l'écran.

– Et pour un baiser, on a le temps ?

Brian sourit, Ron avait déjà approché son visage prés du sien, il attendait. Brian l'embrassa comme l'était sa volonté. Ron ne s'en lassa pas jusqu'à ce que la lumière des phares traverse furtivement la pièce. Des freins se firent entendre. Ron regagna aussitôt sa place.

Les parents de Brian entrèrent quelques instants plus tard, ils dirent bonsoir aux garçons et allèrent se coucher.

Il était déjà vingt trois heures. Ron regardait sa montre, il n'avait pas envie de s'en aller. Un dernier baiser sur le canapé, et il se dirigea vers la porte d'entrée. Brian l'escortait, lui non plus ne voulait le voir s'en aller. Sur le pas de la porte, un dernier regard était échangé puis Ron s'en alla. Mais, il revint tout suite sur ses pas.

– J'avais oublié de te dire.

– Quoi, demanda Brian.

– Mes parents organisent un déjeuner le week-end prochain, et j'ai le droit d'inviter qui je veux, et j'ai pensé que serais bien que tu viennes.

– On sera combien ?

Ron réfléchit un instant.

– A peu prés une trentaine.

Brian n'aimait pas les mondanités, et en plus avec tout ce monde.

– T'inquiets pas, ils ne remarqueront même pas qu'on est là, ils seront trop occupés à parler d'affaires et de leurs dernières acquisitions.

Brian réfléchit un moment et finit par un soupir.

– Je viens parce que c'est toi, mais bon je ne suis pas très emballé.

– Comme il est gentil, fais moi penser à te remercier.

Le quartier peu éclairé était bien calme, le voisinage semblait déjà dormir. Ron et Brian étaient seuls sous ce pas de porte plongé dans la pénombre. Ron se pencha vers Brian, et l'embrassa tendrement, un seul baiser, un baiser emprunt de l'intensité de ses sentiments si forts qui fit frissonner Brian.

– Ceci est un acompte, je te remercierai comme il se doit un autre jour. Rappelle le moi.

– Je n'y manquerais pas… aller sauve toi, il sera bientôt minuit ton 4X4 risquerait de se transformer en citrouille.

– Dans ce cas là je dormirais ici.

– Bien essayé, aller file.

Ron s'en alla en lui jetant un dernier regard, et un clin d'œil accompagné de son sourire plein de tendresse.

Chapitre 11
Les soupçons d'une mère

Pour le brunch, des tentes étaient dressées sur la verte pelouse, leurs blancheurs renvoyaient la lumière du soleil. Certains invités étaient déjà là en train de prendre l'apéritif à l'ombre de la terrasse. Le déjeuner se ferait sous les tentes, le mobilier qu'il y avait, était comme celui qu'on utilisait pour les mariages. Le décor était magique, tout ce blanc avait quelque chose d'apaisant. Mais n'apaisait en rien Ron qui guettait l'arrivé de Brian, il se languissait de le voir. Cela faisait déjà une semaine qu'ils ne s'étaient pas vu comme ils l'auraient voulu. Ils avaient peur de se faire surprendre dans la chambre, ils gardaient donc leur distance. Brian finit par arriver à la terrasse, Ron avait alors un sourire qui illuminait son visage.

– Enfin te voilà.

Il lui serra la main en dépit de pouvoir le couvrir de baisers.

– J'ai beaucoup hésité avant de venir, mais j'ai pensé à toi et me voilà.

Brian regarda autour de lui, le monde présent l'intimidé, il ne se sentait pas à l'aise.

– Un visage plus que familier, c'était ce qui me manquait.

Ils restèrent l'un en face de l'autre à se sourire, à se dire tellement de choses, simplement à se regarder.

L'apercevant de là où elle était, Madame Williams s'excusa auprès des personnes avec lesquelles elle tenait une conversation, et se dirigea vers Brian pour le saluer. Elle était encore très bien habillée, elle portait une robe de cocktail de couleur crème. Ils échangèrent quelques mots de politesse sous le l'œil vigilant de Ron qui ne voulait pas que sa mère l'importune. Puis l'heure de passer à table était venue, tous se dirigèrent vers la grande tente blanche.

A l'intérieur il y faisait bon. Ron et Brian était placé côte à côte, ils restaient le plus loin possibles des invités. Brian avait du mal avec cette ambiance bon chic bon genre, ces gens étaient pour la plupart imbus d'eux même, pas un mot pour le personnel qui les servait. Ron voyait très bien que son invité n'était pas à l'aise, lui aussi n'aimait pas ce genre d'atmosphère, mais il y était habitué, depuis le temps. Il ne relevait même plus certains comportements. Il essayait tant bien que mal de mettre Brian à l'aise.

Pendant tout le déjeuner, sa cuisse ne décollait pas de celle de Brian, qui le regarda lors du premier contact comme si il était fou. Faire cela alors que quelqu'un pouvait se pencher pour ramasser quelque chose qui serait tombé, aurait pu voir ce qui se tramait. La table dressée était suffisamment grande pour que les convives ne soient pas serrés comme des sardines dans une boite de conserve, un tel alibi n'aurait pas fonctionné. Mais Ron insistait, Brian ne pouvait que sourire à l'audace de son petit ami.

– Vous comptez aller à l'université, demanda une femme assise juste en face de Brian en s'adressant à lui avec un sourire.

– Oui, j'ai l'intention d'y aller, dit il en lui rendant son sourire.

– Ne sois pas modeste avec les résultats que tu as, les plus grandes universités de ce pays t'ouvrent les bras, dit Ron en vantant ses mérites.

– Il a le triomphe modeste, c'est une qualité rare de nos jours, répondit la femme regardant autour de la table.

Avait elle lu dans les pensées de Brian, tout comme lui, elle semblait ne pas aimer les ambiances trop sophistiquées où l'amitié des grands n'était qu'une hypocrisie. Tout comme lui elle ne se sentait pas à son aise, elle n'était venue que pour accompagner son mari, un grand investisseur dans les entreprises de ses hôtes. Pourtant, elle avait l'air d'appartenir à ce monde dont elle dénigrait le blason. Mais ses yeux ne trompaient pas, on pouvait y lire l'ennui sous ce crayon bien appliqué comme pour masquer ce regard qui la trahissait. Elle passa le reste du déjeuner à leur faire partager son expérience de l'université, et celle de ses enfants qui y étaient actuellement. Elles les voyait rarement, son mari avaient voulu qu'ils fassent leurs études dans de prestigieuse université européenne. Ils lui manquaient terriblement, c'était une mère.

Brian avait de la peine pour elle, cette vie, elle ne l'avait pas choisit, ce n'était pas la vie dont elle rêvait. Comme la plupart des gens elle ne voulait pas avoir de problèmes d'argent, mais elle appris à ses dépends que cet argent ne pouvait pas tout lui apporter. Elle était dans sa cage dorée à jamais. Ron comprenait son manque, il le ressentait lui aussi en permanence, il jeta un coup d'œil vers ses parents qui ne lui prêtaient aucune attention pendant ce genre de manifestation. Sauf sa mère qui par moment, lui portait un regard. Elle regardait ce fils qu'elle n'avait pas vraiment vu grandir. Sa fierté, c'était qu'il était un très beau jeune homme qui semblait heureux et en pleine forme. Aujourd'hui il portait fort bien, un polo blanc avec un nombre d'inscrit au niveau du cœur et dans le dos, il le portait hors de son pantalon beige. Tout comme son polo, Ron resplendissait, elle aurait aimée être dans ses pensées pour savoir ce qu'il avait. Elle n'eut pas le souvenir d'avoir vu un jour son fils avec un tel sourire, une telle expression de bonheur sur son visage. Depuis ses dix ans jusqu'à maintenant, elle ne l'avait jamais vu dans cet état presque d'euphorie permanente. Il était là, à parler et à rigoler au côté de Brian, qu'elle ne connaissait pas, mais qui avait su faire progresser son fils comme par miracle. Dans leurs yeux elle pouvait y lire leur complicité, sans se douter qu'ils pouvaient s'aimer.

Ce n'est que bien plus tard après la fin du déjeuner, et le départ de ses invités qu'elle eu des interrogations. Elle était alors sous le porche qui avait vu sur la tente et le reste du parc. Elle les observait gambadants dans l'herbe fraîchement coupée. Brian et Ron se dirigeaient vers le sous-bois qu'avait la propriété. Pendant sa marche, Ron se courba pour ramasser un brin d'herbe qu'il porta ensuite à sa bouche pour le mâchouiller. Puis dans toute sa fougue d'enfant turbulent qu'il avait été, il sauta sur le dos de Brian qui malgré la surprise réussit à le soutenir, ils marchèrent un instant comme cela, Brian était le porteur et Ron le porté. Elle ne le voyait pas, mais elle pouvait sentir ce sourire de joie qu'ils avaient, et ces quelques rires qui ne pouvaient lui parvenir. Ron descendit comme il était grimpé, il passa ensuite son bras autour des épaules de Brian et le secoua vigoureusement pour le féliciter de son exploit. Mais son bras ne quitta pas cette épaule sur laquelle il s'était posé. Ils continuèrent leur promenade l'un contre l'autre, comme si ils étaient seuls au monde.

La mère de Ron qui avait rit lorsque son fils grimpa sur le dos de Brian, ne comprenait pas pourquoi ce bras complice ne retrouvait pas sa place le long du corps de son fils. Elle le savait si peu démonstratif qu'elle en était surprise. Pour elle, leur complicité était indéniable. Quand ils ne furent plus visibles, elle retourna à l'intérieur avec une expression encore emprunt d'interrogation.

Dans le sous-bois, Ron et Brian s'arrêtèrent devant un arbre. L'endroit était assez mystérieux, le feuillage important laissait à peine quelques rayons de soleil inonder les lieux. Il faisait frais, les feuilles mortes au sol étaient légèrement humides. Brian regardait autour de lui, il n'était pas très rassuré, le sous-bois ne s'arrêtait pas là. Des piaillements d'oiseaux se faisait entendre. Une brise légère jouant dans les branches, lui fila la chair de poule.

En haut de l'arbre devant lequel ils étaient plantés, il y avait une cabane. Elle n'était plus toute neuve, mais semblait être entretenu, il n'y avait pas de liane folle qui barrait son accès. Ron veillait à ce que les jardiniers s'occupent également du sous-bois, d'abord pour sa propre sécurité, mais avant tout afin de conserver ce qu'il avait gardé de son enfance, ce bonheur qu'il avait ressentit quand il l'avait construite avec son père.

– Je devais avoir 7 ans, et mon père un jour m'a demandé si je voulais avoir un endroit rien qu'à moi, j'avais déjà ma chambre lui avais je fais pour réponse. Il m'a sourit et m'a demandé à part ma chambre. Je ne voyais pas où il voulait en venir.

Brian le regardait avec attention, il écoutait

chaque mot prononcé, il était si rare que Ron parle de lui, cela devait être important. C'était la première fois qu'il évoquait son enfance avant ses dix ans.

– Il m'a parlé ensuite d'un endroit entre ciel et terre, et que je serais ainsi entre ces deux éléments. Il insista sur le fait que je serais l'une de ces rares personnes à être à la frontière de ces deux mondes. Evoqué de cette manière, c'était tout simplement magique à mes oreilles. Tu te sentirais à l'abri disait il.

Ron ne quittait pas la cabane des yeux, il semblait revivre chaque instant.

– Il m'a donc amené ici, au pied de cet arbre, ici tu te sentiras en sécurité m'a-t-il dit. Je ne comprenais pas, comment se sentir en sécurité juste dans un arbre, ce n'était pas confortable au premier coup d'œil. Et puis, il m'a dit d'imaginer une petite maison entre ces branches, ta cabane dit il enfin. Mes yeux se sont alors illuminés rien qu'à cette idée, être niché là haut, il n'y avait rien de plus beau.

Ron et son père passèrent ainsi des week-ends à construire de leur main ce nid perché en haut d'un arbre. Ils étaient très complices à cette époque. La notion de famille avait un sens, mais construire un empire comportait des sacrifices que monsieur Williams fit plus tard.

Ron arrêta son discours, le reste de l'histoire était ce qu'il était devenu.

– Je peux monter voir, demanda Brian.

– Avant cela, il faut que je te sacralise.

Brian se demandait ce que Ron entendait par là. Ce dernier apposa sa main sur le haut de son crâne, et ensuite sur son épaule gauche, à l'image du roi qui faisait chevalier.

– Je te fais invité de la cabane, dit Ron en souriant.

– J'aurais droit à un passe pour la prochaine fois ?

– C'est sérieux, tu veux monter oui ou non ?

Devant l'air sérieux que Ron pris, Brian fut surpris.

– Oui, désolé, murmura-t-il.

Ils s'agrippèrent ensuite aux rondelles de bois qui fixées sur le tronc de l'arbre servaient d'échelle. Ron passa le premier. Il ouvra la trappe et se hissa à l'intérieur. L'endroit était devenu petit pour lui, il n'avait qu'à se mettre sur la pointe des pieds pour que sa tête touche le plafond. La surface était suffisante, elle était comparable à deux lits comprenant deux places. Il y avait une fenêtre à travers laquelle l'on pouvait apercevoir la maison entre les branches, et une autre qui donnait sur le sous-bois lui même.

Brian alla d'une fenêtre à l'autre, le bruit de ses pas raisonnait sur le plancher.

– Tu dormais ici quand tu étais petit ?

– Oui, plus d'une fois.

– Tu n'avais pas peur ?

Ron eu un large sourire en repensant à des souvenirs.

– Avec mes copains on se faisait des frayeurs.

Brian souriait en les imaginant se raconter des histoires de maison hantée dans une forêt, l'endroit s'y prêtait. Mais le seul fait d'être dans ce sous-bois la nuit était une frayeur en soit.

– Cette cabane a due être aussi un début de piège à fille, lança Brian.

– Piège à fille pour des amourettes d'enfant.

– Tu n'as jamais… ici…

– Non et jamais je ne le ferais, c'est tout ce qu'il me reste de ma période d'heureuse innocence.

Ron regarda autour de lui, cette cabane était la forteresse des derniers moments passés avec son père avant que celui-ci ne devienne un parfait étranger. Tout comme sa mère, il ne l'avait pas vu grandir, mais elle au moins faisait attention à lui, elle s'intéressait à sa vie.

Brian s'avança vers lui, il approcha son visage prés du sien en espérant un baiser. Ron le repoussa gentiment en apposant ses mains sur ses épaules afin de le freiner dans sa quête.

– Non pas ici. On descend.

Brian était un peu surpris que Ron le repousse, lui qui adorait tant le contact de ses lèvres, mais il comprenait son geste. Ron était attaché à cet endroit qu'il ne voulait pas entaché d'attitudes propres aux grandes personnes.

Ils retournèrent ensuite dans le parc en direction de la maison. Ron avait le regard plein de mélancolie. Brian marchant à ses côtés l'observait sans rien dire, il ne voulait pas troubler ce moment. La visite de la cabane était une sorte de recueillement pour Ron.

– J'ai faim, on va manger un truc à la cuisine.

– Ça tombe bien moi aussi j'ai faim, dit Brian.

– On fait la course ?

Ron s'élança comme un fou, il était parti pour une course effrénée jusqu'au point de l'arrivée, Brian le suivait de prés.

Attablés à la cuisine ils mangèrent ce que Ron avait trouvé, du pain de mie en sachet et de la pâte à tartiner. Ron adorait le chocolat et Brian adorait Ron, il le dévorait du regard.

– Arrête de me regarder.

– Je ne te regarde pas, répondit Brian.

Ron tartinait ses tranches avec une tonne de chocolat.

– Arrête de me regarder, fit Ron avec un sourire.

– Toi arrêtes de me regarder, dit Brian avant de porter une tartine à sa bouche.

– Je ne peux pas m'en empêcher.

Brian avala avec hâte sa bouchée.

– Moi non plus je ne peux pas m'en empêcher.

Madame Williams entra dans la cuisine à cet instant, ils interrompirent alors leur jeu qui ressemblait plus à une déclaration.

– Tu ne t'es pas trop ennuyé Brian, demanda-t-elle de sa douce voix.

– Non, c'était sympa.

Brian n'était pas hypocrite, mais savait que toute vérité n'était pas bonne à dire.

– Ron déteste ce genre de déjeuner.

– Que ne déteste pas Ron, dit Brian l'air d'insinuer que Ron détestait tout.

Sa mère se surprit à rire, elle ne s'attendait pas à une telle remarque, la sienne fut également surprenante.

– Toi, dit elle instinctivement.

Ron ne s'y attendait pas, Brian encore moins. Dans un autre contexte, cette phrase aurait pu être tout à fait neutre, mais là, elle prenait tout son sens à leurs yeux. Avait elle tout découvert ? Ils n'avaient pas à avoir peur, c'était une réplique sans moteur particulier, quoique.

– Tu devrais remercier le proviseur, grâce à lui tu as remonté ta moyenne, et tu t'es fait un ami.

Ron souriait, il n'avait rien à répondre. Brian lui, pensait à ce qu'elle venait de dire, c'est vrai que sans le proviseur, ils ne seraient pas là où ils en étaient. Puis, il fut interrompu dans sa réflexion, par la mère de Ron.

– Vous seriez vous parler si cela ne s'était pas passé de la sorte ?

– Certainement pas, dit Brian spontanément.

– Ça a le mérite d'être honnête.

– Plus honnête que ça on ne fait pas mieux, dit Ron presque choqué.

Brian le regarda.

– Je t'ai déjà dit ce que je pensais de toi, maintenant c'est plus pareil.

– Et qu'est ce qui t'a fait changer d'avis, demanda la mère de Ron curieuse de savoir comment l'on pouvait percevoir son fils.

– Le temps.

Elle haussa les sourcils, l'air de demander une réponse plus précise.

– Le temps passé avec lui m'a permis de cerner qui il était, et de le voir autrement que comme je le percevais.

– Et tu le vois comment à présent ?

La mère de Ron insistait afin d'avoir une autre vision de son fils, un regard extérieur l'aiderait à mieux le connaître, elle qui le connaissait si peu, de cette manière peut être elle en saurait beaucoup plus. Bien sûr, elle ne rattraperait pas toutes ces années d'absence, mais elle finirait peut être par le connaître d'une autre manière que par téléphone ou par lettre, ses brefs échanges qui s'étaient installés au fil des années.

– Gentil sous son étonnante apparence, attentionné, mais je m'arrête ici sinon il va finir par rougir, et prendre le melon.

Brian s'arrêta volontairement à cet endroit, la suite aurait était dure à entendre pour la mère de Ron. Il aurait aimé dire qu'il était affectueux, elle l'aurait mal pris, comment un autre garçon pourrait il dire de son fils qu'il était affectueux. Ce n'était pas prudent. Mais le pire aurait été qu'il dise que Ron était meurtri. Meurtri par l'absence d'une mère et l'absence d'un père. Cette révélation n'aurait pas eu un joli effet sur cette femme qui était en proie à ses propres regrets.

– Il est temps que tu rentres chez toi avant que je ne verse une larme.

Ron riait à l'énoncé de sa phrase, Brian partageait

ce rire sous le regard amusé d'une mère pensive qui avait noté le regard tendre qui s'était échappé de son fils et de son ami lorsque celui-ci prononça le mot « attentionné ».

– Il est temps que tu rentres chez toi, dit de nouveau Ron.

Brian finit son verre de coca.

– Merci pour la journée, dit Brian en regardant la mère de Ron.

– Oh ce n'est rien, à bientôt et rentre bien.

Ron le raccompagna jusqu'à sa voiture, ils discutèrent encore un instant, se quitter était difficile, ils auraient tant aimé passer encore du temps ensemble. Depuis que les parents de Ron étaient de retour, ils avaient beaucoup moins d'intimité, ils n'avaient pas celle qu'ils souhaitaient. Après une heure de discussion adossés à la voiture, ils se quittèrent enfin, Ron rentra chez lui seulement quand les feux arrières de la voiture de Brian eurent disparu dans la nuit.

En rentrant chez lui, Ron croisa sa mère au bas des escaliers. Elle arrangeait les fleurs sur la console.

– Où étais tu passé, lui demanda sa mère étonnée.

– J'étais avec Brian, il vient juste de s'en aller.

– Je croyais qu'il était déjà parti, il faut croire que vous avez beaucoup de choses à vous dire.

– Il faut croire.

Ron monta ensuite dans sa chambre. Sa mère le regarda s'en aller, elle était encore pensive.

Vers vingt trois heures, voyant encore de la

lumière sous la porte de la chambre de Ron, elle frappa.

– Entrez.

Ron était assis dans le canapé en train de jouer. Décidément se disait elle, elle ne comprendrait jamais rien à l'accoutumance des jeux vidéo.

– Tu ne vas pas te coucher ?

– Non, pas tout de suite.

– Tu ne seras pas fatigué pour le lycée demain ?

– M'man je suis grand je sais ce que je fais, mais par contre je ne sais pas ce que tu fais là.

– Je n'ai pas le droit de venir voir mon fils qui ne dors pas, et de le sermonner ?

Ron haussa les sourcils l'air de dire, « tu peux toujours causer ». Il ne quittait pas l'écran des yeux. Elle, elle ne le quittait pas des yeux. Il sentait son regard posé sur lui.

– Tu es venu pourquoi exactement ?

– J'avais envie de te parler.

– Parle, je t'écoute, dit il en s'excitant sur la manette.

– Cristale.

Ron appuya sur le bouton pause de la manette et se tourna vers elle.

– Cristale, lui demanda-t-il l'air étonné.

Pourquoi diable sa mère abordait elle ce sujet se demanda-t-il.

– Pourquoi tu ne m'as pas dit que vous n'étiez plus ensemble ?

– Parce que y a rien à dire tout simplement.

– Ça fait longtemps que vous êtes séparé ?

– Un petit moment déjà, et je ne vois pas pourquoi tu t'intéresse à cela. Si tu veux tout savoir, elle m'a trompé et je l'ai balancé.

– C'est ce que j'ai pu comprendre.

– Parce que même tes amis sont au courant ?

Elle hocha la tête de haut en bas. Ron pensa alors que la plupart des gens du lycée confiaient les ragots à leur parent. A quel moment se demandait il, au déjeuner, au dîner ou bien lorsqu'ils croisaient une personne sur laquelle il y avait de quoi ragoter.

– Pourquoi cet intérêt soudain pour ma vie amoureuse ? Tu dois être contente, tu ne l'aimais pas vraiment ?

Il y a deux ans de cela que madame Williams fit la connaissance de Cristale. Elle revenait de voyage lorsqu'elle surprit cette fille en tenue légère dans sa cuisine. Ron déambulant en caleçon n'était pas très loin, pour une première présentation ce n'était pas l'idéal. Pendant son séjour, elle invita Cristale à dîner, dîner au cours duquel elle se rendit à l'évidence : cette fille n'était pas faite pour son fils. Cristale ne pensait qu'à elle, elle était très maniérée, et son maquillage d'une vulgarité. Madame Williams n'était pas enchantée que Ron la fréquente, elle lui en fit part. « Tu n'as pas à me dire avec qui je dois sortir », à ses mots elle comprit que Ron n'allait pas la quitter de si tôt. Elle se résigna, mais garda l'espoir qu'un jour il la verrait sous son vrai jour. Deux ans plus tard sa prière fut entendue. Le bruit de leur séparation lui donna satisfaction et tristesse à la fois.

– Je suis ta mère tout simplement, je voulais savoir si tu n'avais pas trop de peine.

Ron pensa immédiatement à Brian, comment avoir de la peine alors qu'il était avec quelqu'un d'extraordinaire, il avait gagné au change pensait il, même mieux.

– Rassure toi maman, je vais très bien, dit il en prononçant chaque syllabe afin de bien lui faire comprendre et entendre.

Elle se mit alors à sourire, elle avait compris le message qui disait « n'insiste pas ». Elle se dirigea ensuite vers la porte, mais elle se retourna, elle entrouvrit la bouche en espérant voir sortir la question qu'elle avait tant voulu lui poser, « et Brian c'est qui pour toi ? », mais elle n'en eu pas le courage. Avait elle peur de connaître la vérité ou bien peur de l'offenser, et de le pousser dans ses retranchements si cela s'avérait vrai. Elle décida d'attendre, c'était à lui d'en parler, si il avait vraiment quelque chose à avouer. Il était peut être aussi trop tôt, elle pouvait peut être se faire des idées.

– Bonne nuit, lui dit elle avec un sourire.

Elle revenu sur ses pas, et l'embrassa sur le front comme quand il était enfant. Il avait grandit si vite pensait elle, elle ne l'avait même pas vu. Ron se retrouvait comme un enfant, touché par le baiser d'une maman, cela faisait si longtemps.

Chapitre 12
Stupéfaction

Ron et Brian étaient toujours en perpétuelle frustration. Bien qu'ils se retrouvaient toujours seuls dans la chambre pour faire leur devoir, ils se sentaient moins libre, ils étaient moins spontanés, toujours sur leurs gardes. Brian évitait de s'allonger sur le lit, il restait sur le canapé, à lire un manuel pendant que Ron travaillait. Plongée dans sa lecture, Brian n'entendit pas le bruit de la chaise que tirait Ron pour sortir du bureau. Il s'avança prés du canapé et s'accouda au dossier, faisant mine de lire au dessus de l'épaule de Brian. Il lui déposa un baiser dans le cou alors qu'il avait le nez dans son bouquin.

– Retourne travailler, dit Brian en souriant.

– Tu me manques, dit Ron en collant sa joue contre la sienne.

Brian abandonna son livre pour s'abandonner dans les yeux de Ron qui lui souriait.

– Tu me manques aussi, dit il d'un sourire avec une note de tristesse.

Il l'embrassa juste une fois. Il ne fallait pas plus pour que Ron enjambe le dossier du canapé et se mette au plus prés de Brian afin de continuer à l'embrasser. Sa respiration se faisait de plus en plus haletante, il en avait envie, Brian aussi. Mais il ne pouvait pas s'abandonner comme cela, ils n'étaient plus dans une maison vide. Pourtant Ron insistait, il se penchait de plus en plus sur Brian afin que celui-ci s'allonge sous son poids dans ce canapé turquoise. Il commença ensuite à l'embrasser dans le cou et puis remonta à ses lèvres pour encore les sentir frémir à son contact. Il n'en pouvait plus de se retenir. Son envie était aussi grande que son imprudence. Il enleva son tee-shirt à la hâte et le balança dans un coin de la chambre. Il commença ensuite en enlever celui de Brian, mais quelqu'un frappa à la porte.

Ron leva tête et fixa la porte, il resta pétrifié à la simple idée de se faire surprendre. Il reprit aussitôt ses esprits.

– Un instant, cria-t-il en cherchant comme un fou le tee-shirt dans sa chambre qu'il trouva pour la première fois de sa vie trop grande.

– Un instant, répéta-t-il.

De l'autre côté sa mère s'impatientait, que se passait il donc, pourquoi devait elle attendre.

Pendant ce temps, Ron mis enfin la main sur ce tee-shirt qu'il avait maudit un instant. Brian quant à lui s'ajustait juste un peu, et restait inquiet dans le canapé. Son rythme cardiaque s'était accéléré. Il fallait vite se détendre.

Agacé d'attendre, la mère de Ron ouvrit la porte. Elle tomba alors sur son fils derrière le canapé un livre à la main en train d'éventer.

– C'est Brian, il a pété, dit en Ron en faisant une grimace de dégoût.

Brian se mit à rougir, mais la situation était sauvée, l'attente prenait ainsi tout son sens avec ce mensonge qui ne sentait pas bon. Il plongea sa tête dans ses mains, il ne voulait pas voir le regard que portait la mère de Ron sur lui. Elle souriait, désarmée par un aveu qu'elle n'avait pas l'habitude d'entendre.

– Du coup je ne sais même plus ce que j'étais venu vous dire.

La main sur la poignée elle essayait de se remémorer la raison de sa venue.

– T'as vu ça Brian, t'as même réussi à asphyxier les pensées de ma mère.

Brian s'enfonçait encore plus dans le canapé, il aurait souhaité être invisible à cet instant.

– Tais toi je suis assez gêné comme ça, dit Brian qui se cachait à l'aide d'un coussin du canapé qui aurait virer au rouge si Brian déteignait.

Madame Williams retenait son rire, et préféra quitter la chambre de ce pas sans rien dire en refermant la porte derrière elle.

– La honte, dit Brian se mettant la main devant les yeux.

Ron balança le livre sur la table basse.

– La situation est sauvée, c'est pas grave péter tout le monde le fait.

Il s'accouda au dossier en souriant à Brian qui le regardait en balançant la tête.

Au moment où il l'embrassa pour se faire pardonner, la porte s'ouvra.

– Voilà je me souviens…

La mère de Ron n'avait même pas eu le temps de continuer sa phrase, qu'elle était tomber nez à nez sur son fils en train d'embrasser un garçon, qui n'était pas son propre reflet dans un miroir comme si il s'entraînait.

Ron et Brian restèrent bouche baie.

– Désolée, fit elle en refermant aussitôt la porte.

Dans la chambre Ron et Brian étaient anéantis, consternés. Ils venaient d'être ébranlés. Ron se frottait le visage de ses deux mains avant de s'empoigner les cheveux.

– Merde, merde, merde, marmonnait il sans fin.

Il s'arrêta un instant la main posée devant la bouche en soupirant. Il regardait Brian tout en se passant la main au menton.

– Qu'est ce qu'on va faire ?

– Je ne sais pas, dit Brian le regard inquiet. Puis reprit, il vaut mieux que se soit sur ce baiser que sur toi en califourchon sur moi comme tu l'étais tout à l'heure.

Ron soupira.

– Oui mais bon, elle m'a vu t'embrasser.

Ron faisait les cent pas.

– Elle nous a vu nous embrasser.

Brian essayait de le soutenir. Mais ce n'est pas ta mère, pensait Ron.

– Bon tu vas rentrer chez toi et je t'appelle.

– Je peux rester, fit Brian en s'approchant de lui.

Il caressa son bras pour lui montrer qu'il était là.

– Non c'est gentil, mais je doute fort qu'elle veuille nous parler à tout les deux, avoir cette image de nous est suffisamment conséquent pour elle, alors nous faire face à tous les deux, on va pas l'achever.

Ron pris Brian dans ses bras afin de se donner du courage, la tête appuyée sur la sienne il se balançait. Il humait par la même occasion l'odeur de son shampoing. Il posa ensuite sa tête dans le creux de son cou et murmura « Je t'aime » à son oreille.

– Je t'aime aussi, fit Brian en le serrant fort dans ses bras.

Dans la cuisine, la mère de Ron préparait machinalement des sandwichs, en se repassant la scène qui s'était présentée à elle. Elle aurait du frapper se martelait elle. Ses doutes étaient fondés se disait elle également. Ce baiser n'avait rien d'amical, Brian n'était pas russe, il n'y avait donc pas d'explication plausible à part le seul fait qu'ils soient ensemble se disait elle. Tout en s'afférant, elle guettait le moindre pas dans les escaliers, en pensant en même temps que cela était plus dur pour eux.

Elle finit pas entendre quelque pas et sortit de la cuisine.

– Je vous ai préparé un goûté, cria-t-elle pour se faire entendre.

Ron et Brian se regardèrent, ils ne savaient pas ce qu'il fallait faire. Brian le sac posé sur une épaule était prêt à partir, mais avec l'insistance de la mère de Ron, qui les suppliait presque de venir, il se résigna à rester. Ils s'avancèrent lentement. Aucun d'eux n'eurent le courage de la regarder dans les yeux, ils ne voyaient donc pas le sourire qu'elle arborait, ils ne voyaient que ses pieds. Brian déposa son sac, à côté du pied de la table où les sandwichs étaient entreposés. Il avança délicatement la chaise et s'y installa en gardant les yeux rivés sur la table, il ne les leva que lorsqu'il entendit la porte du réfrigérateur s'ouvrir. Il savait qu'à cet instant cette mère de famille avait le dos tourné. Il rabaissa les yeux aussitôt la porte refermée.

– Je vous ai préparé une tonne de sandwichs, j'ai horreur du gâchis, mangez les avant de retourner travailler, il n'est pas encore dix sept heures, je ne pense pas que vous aillez terminé.

Elle n'eu aucune réponse. Même si ils ne la regardaient pas, il sentait un sourire au simple son de sa voix.

– Vous voulez du coca, il est tout frais… après

toutes ces émotions, un grand verre vous ferez le plus grand bien.

Elle se dirigea à nouveau vers le réfrigérateur. Ron et Brian profitèrent de l'occasion pour s'échanger un regard presque effrayé, ils battaient des paupières tellement ils étaient stressés.

– Si vous aviez vingt et un an, j'aurais ajouté du whisky, dit elle en cherchant la bouteille de cola. J'en aurais bien bu un moi aussi, mais je dois garder les idées claires.

Ron et Brian se sentaient mal. Elle s'assit ensuite à la table essayant d'ouvrir la bouteille.

– Tiens mon chéri essaye de l'ouvrir, je n'y arrive jamais, dit elle à Ron en lui tendant la bouteille.

Ron prit la bouteille et ne fixait qu'elle.

– Vous révisiez quoi, demanda-t-elle en s'adressant à Brian.

– L'histoire, dit il d'une voix embarrassé et les yeux baissés.

Elle se mit à sourire. Son regard allait de Brian à son fils.

– Depuis combien temps, enchaîna-t-elle.

– Depuis une heure, répondit Brian timidement.

Elle se mit à rire, Brian ne comprenait pas.

– Non, je voulais dire, depuis quand vous êtes ensemble ?

Cette question glaça la cuisine, on se serrait cru en plein hiver sans chauffage.

Brian eu un moment d'hésitation.

– Deux mois, fit il pour réponse en regardant Ron pour savoir si lui aussi était d'accord.

– Oui, deux mois, répondit Ron en avalant son verre cul sec.

– Deux mois déjà, dit elle en soupirant.

Elle ne soupirait pas de regret, mais d'étonnement, deux mois, cette durée la laissait perplexe. Leur relation semblait être du sérieux.

– Moi qui me demandait pourquoi tu semblais si heureux ces derniers temps, j'ai ma réponse, dit elle en souriant.

Ron souriait, mais n'en était pas moins mal à l'aise. Il osa la regarder, un court moment juste le temps de voir son visage radieux. La seule mention du nom de Cristale n'aurait jamais pu avoir le même effet pensa-t-il.

– Je suppose que personne d'autres n'est au courant.

Le non était collectif et instinctif.

– Et tes parents réagiraient comment ?

Brian osa croiser son regard pour la première fois.

– Je leur dirais que j'ai de bonnes notes et que je peux tout me permettre.

Cette petite blague détendit l'atmosphère. Ron reconnaissait bien là son Brian qui avait toujours le chic de blaguer dans les moments les moins propices.

Brian soupira ensuite en regardant son verre de coca posé sur la table, il le fit tourner ce qui attira le regard de Ron et de sa mère.

– Honnêtement je ne sais pas, étonnés certainement, ils se questionneraient, mais je pense qu'avec le temps ils finiraient par l'accepter.

– Je vais leur passer un coup de fil, dit la mère de Ron.

Brian resta scotché sur sa chaise en voyant sa vie défiler. Il se détendit quand elle se mit à rire.

– A ta réaction tu n'es pas encore prêt, dit elle en lui souriant, j'attendrais alors un petit peu, demain ?

Brian lui souriait, cette fois ci il avait compris la blague. Ron lui était étonné que sa mère soit si compréhensive, c'était peut être le choc, demain matin au réveil elle serait peut être différente. Sa mère était ouverte d'esprit, elle n'était pas peinée, elle voyait bien que son fils était heureux. Elle qui le voyait rarement, elle n'allait pas lui dicter sa conduite et celle de son cœur, elle n'en avait plus le droit pour sa conduite, et pour son cœur elle n'en avait pas le droit.

– Comment ça s'est passé pour que du jour au lendemain toi et lui, vous soyez plus que de simples amis, demanda-t-elle en s'adressant à son fils.

Ron était surpris de voir sa mère se sentir si investit dans sa relation qu'elle venait juste de découvrir. En fait, elle était animée par une irrépressible envie de comprendre. Comment son fils qui était à l'époque un Casanova ait pu tomber dans les bras du premier de la classe. Ron lui fit le récit de ce qui à ses yeux ressemblait à une épopée. Elle l'écoutait attentivement en jetant un coup d'œil à

Brian qui buvait littéralement les paroles de Ron. Il était amoureux, cela se voyait tout de suite. Elle l'observa plus longuement, il était mignon avec ses yeux clairs dans lesquels se reflétait Ron qui parlait, ses cheveux bruns soulignaient la couleur verte de son regard tendre, sa bouche souriait au son de la voix de son fils, il était d'un moindre gabarit. En somme elle lui trouvait une charmante apparence, son fils n'avait pas mauvais goût, le successeur de Cristale n'était pas mal. En plus de cela, il était intelligent, le proviseur avait tant vanté ses mérites auprès de la famille à l'image d'un promoteur immobilier qui vendait une maison.

– Quelle histoire, fit elle après le récit.

Bien sûr Ron avait évité les détails les plus secrets de leur relation, il n'allait pas lui faire l'étalage de ses ébats. En bonne mère elle ne posa pas la question même si elle lui avait effleurée l'esprit, c'était l'une des premières choses qu'elle avait pensée en les voyant s'embrasser. On-t-ils déjà franchi le pas, s'était elle demandée en redescendant l'escalier.

Après ce goûter surprenant, les garçons retournèrent à l'étage sous le regard d'une mère qui réalisait à peine ce qu'il se passait.

– Woah, fit Brian.

– A qui le dis tu, je n'arrive pas à y croire, ma mère est au courant, dit il d'un air à la fois content, mais désemparé malgré tout.

– En plus elle à l'air de bien le prendre.

– C'est justement ça qui me sidère le plus, je ne comprends pas, je me serais fais à une réaction de colère outrancière, mais rien ! Je me serais senti mieux si elle avait réagi ainsi, mais là je ne sais pas comment faire, dit il en se jetant sur le lit d'un air désorienté.

Brian vint s'asseoir à côté de lui.

– Il est préférable qu'elle l'accepte au lieu qu'elle ne te rejette, tu ne crois pas ?

– Tu as certainement raison, mais laisse moi être surpris.

– Je te laisse être ce que tu veux. Je pense que je vais rentrer, je n'ai pas très envie de travailler.

Ron attrapa son bras et se releva.

– Tu ne vas pas partir tout suite, attend un peu.

– Attendre quoi ?

– Que je me ressaisisse.

Brian le regarda en pensant à la chance que Ron avait. Sa mère semblait très bien réagir, qu'en serait il de ses propres parents si ils étaient amenés à l'apprendre. Ron ensuite, se glissa entre ses bras, il avait envie de se sentir bien comme à chaque fois qu'il y était. Dans les bras de Brian, il ne pensait plus à rien, ce contact le déconnectait de la réalité. Il inspira profondément, il aimait l'eau de toilette que Brian portait. Il le regarda avant de l'embrasser tendrement juste pour partager ce souffle de vie qu'ils avaient. Après ce long moment de tendresse, Brian s'en alla pour rentrer chez lui.

Le soir alors qu'il était déjà couché sous les draps, Ron eu la visite de sa mère, elle entra après avoir frappé, désormais, elle s'était dit qu'elle attendrait une heure s'il le fallait avant qu'on lui dise d'entrer. Elle s'avança vers le lit. Elle s'assit sur le bord et contemplait son fils à la lumière de la lampe de chevet. La tête sur l'oreiller Ron se laissait caresser les cheveux par sa mère qui l'avait souvent fait quand elle venait autre fois le border. Il se revoyait alors enfant.

– Tu l'aimes vraiment, lui demanda-t-elle.

Ron regarda sa mère, elle était si jolie, si douce, si maternelle.

– Oui.

Elle lui sourit à cette réponse.

– Et toi, tu l'acceptes vraiment ?

Sa mère ne le quitta pas des yeux une seule fois.

– Que veux tu que je fasse contre lui, dit elle en lui tapotant la poitrine au niveau du cœur.

Ron regarda sa main posée sur son cœur, il se mit à sourire.

– Si il parle, je n'ai qu'à écouter et le comprendre.

– Tu aurais pensé un jour que…

– Non, comme toi tu n'y avais pas pensé, je me trompe, demanda-t-elle.

Ron se redressa, sa mère retira sa main et la posa dans la sienne.

– Non, ça m'est tombé dessus sans prévenir.

– Vraiment ? Tu n'as jamais regardé un garçon en t'imaginant…

Tout en parlant elle caressait de son pouce le revers de sa main.

– Non, il n'y a que celui là, fit il d'un sourire.

Sa mère lui rendit son sourire, elle l'embrassa sur le front et lui souhaita une bonne nuit et s'en alla, une dernière caresse dans ses cheveux et elle se leva.

– Et papa, demanda Ron.

Sa mère s'arrêta et se retourna.

– Et papa, soupira-t-elle. Je ne sais pas, sache que je ne lui dirais rien.

Elle referma ensuite la porte sur Ron encore pensif au sujet de son père. Il n'aurait aucun reproche à lui faire, il n'était plus son fils depuis l'âge de ses dix ans, pensait il. Pourtant, il craignait néanmoins sa réaction, mais il ne se plierait pas à son bon vouloir, se disait il.

Chapitre 13
La soirée des aveux

Profitant de l'absence de ses parents jusqu'à vingt heures, Ron et Brian, décidèrent d'étudier chez ce dernier. La journée avait été longue et pénible, ils décidèrent d'abord par se détendre en s'occupant de l'autre. Ron rattrapa les baisers qui lui avaient tant manqué dans la journée, une chose entraînant une autre, ils firent l'amour. Brian exténué, s'était endormi juste après, Ron veilla sur lui un moment avant de plonger lui aussi. A leur réveil, il était déjà dix huit heures, Lisa avait convenu avec Brian de passer le voir. Elle se sentait un peu mise de côté, l'amie du début se sentait comme abandonnée. Elle ne pouvait qu'en vouloir à la décision du proviseur, Brian se trouvait cette excuse également, mais il avait décidé de lui accorder le temps qu'elle méritait. Jongler avec une histoire d'amour secrète n'était pas chose aisée. A son arrivée, elle sonna à la porte. Ron et Brian se réveillèrent en sursaut.

– Tes parents, fit Ron affolé.

Il bondit du lit à la recherche de ses vêtements.

– Non, non, vu l'heure qu'il est, ça doit être Lisa, elle devait passer.

Brian n'était pas plus affolé que cela.

Il s'extirpa du lit et s'habilla malgré tout à la hâte, Lisa devenant insistante sur la sonnette. Ron était chargé de tout mettre en place le temps que Brian aille ouvrir.

En bas, Brian reprit son souffle en s'apprêtant à accueillir Lisa qui faisait les cents pas sur la terrasse.

– Ha ben enfin, dit elle lorsqu'il ouvrit.

Les bras croisés, elle le fusilla du regard.

– Je ne t'attendais plus, fit Brian en regardant une voiture passée dans la rue.

– Tu te fous de moi ou quoi, j'étais à l'heure.

Brian lui sourit, Lisa entra sans que Brian le lui indique.

– Il fait bien sombre chez toi, tes parents sont là ?

Lisa regardait autour d'elle, debout en face de l'escalier elle avait vu sur la cuisine et le salon, aucune trace de vie dans ces pièces, à part le léger ronflement du réfrigérateur pour la cuisine et le tic tac de la pendule dans le salon.

– Non mes parents ne sont pas là, en fait avec Ron on écoutait de la musique, expliquait il pendant qu'ils grimpaient l'escalier qui craquait sous leur pas.

– Tu parles bien fort, je ne suis pas encore sourde.

Vous avez du écouter la musique un peu trop fort.

Brian faisait en sorte que Ron puisse les entendre arriver. Il était assis sur le rebord du lit, l'air assez décontracté, un livre à la main.

– Et bien dis moi tu ne le lâche plus, fit Lisa à peine le pas de la porte franchit.

Ron leva la tête de son bouquin.

– Tout comme toi !

Lisa s'approchait du bureau et balança son sac à côté de la chaise.

– Mais je l'ai vu en premier !

Ron avait dans la tête de lui dire que lui il couchait avec, mais garda pour lui cette remarque qui aurait fait mouche.

– Tu sais ce qu'on dit, premier vu, premier à être oublié.

Lisa parcourait de son index les CD de Brian posés sur l'étagère fixée au dessus de son bureau.

– Ouais, invente des proverbes bidon, dit elle en se retournant à moitié.

Brian les regardait se chamailler, tout ça pour lui, comme il était aimé ou du moins sollicité pensait il.

– Bref, vous en êtes encore à bosser, demanda-t-elle en jetant un œil sur les sacs toujours fermés.

– En fait, on a commencé à discuter et on n'a pas vu le temps passer, fit Brian d'un air convaincant.

– Et bien, rappeler moi de ne pas bosser avec vous, je comprends pourquoi tu traînes autant chez lui.

– Excuses nous d'avoir de la conversation, dit Ron en se moquant.

– Voiture, fille, nichon, en effet c'est une interminable conversation. Bon je me pose où ?

Lisa regarda autour d'elle.

– Tu peux prendre le bureau si personne ne voit aucune objection, dit Brian en interrogeant Ron et Lisa du regard.

Ron assis sur le lit n'était pas contre, il aimait bien travailler sur le lit quand il ne faisait pas qu'y dormir ou autre chose. Lisa s'installa donc au bureau, pendant que Brian pris son sac, et entreposa ses affaires sur le lit à côté de Ron qui lui portait un regard complice.

Ils travaillèrent silencieusement pendant une demi heure. Lisa agacée que son chewing-gum, n'ait plus de goût l'enveloppa d'un morceau de papier et le jeta à la poubelle. En se penchant au dessus de celle-ci, elle eu la surprise d'y découvrir un préservatif usagé. Elle se retourna discrètement vers les garçons qui révisaient sérieusement. Elle commença alors à réfléchir aux différentes occasions où ils étaient tous les trois ensemble et s'attarda sur les différents agissements des garçons. Elle avait noté après le fameux soir où elle était adossée à l'évier de la cuisine les observant se soigner, que Ron et Brian étaient très souvent ensemble. Ils se cherchaient souvent du regard, et les sourires qu'ils échangeaient sans trop savoir pourquoi. Bien sûr ces détails, elle les avait remarqué car le doute la poussait à les observer. Aux yeux des autres leur relation passait pour de l'amitié. Remettant ainsi les pièces du puzzle en place, elle était persuadée qu'il y avait plus que de l'amitié. Elle ne leur fit pas part tout de suite de sa découverte, elle voulait encore des preuves. Ne quittant pas son livre des yeux elle commença à parler.

– Vous savez quoi, en lisant un magazine féminin, j'ai lu que les filles étaient sensibles au parfum et qu'elles adorent les mecs qui se parfument.

Ron et Brian regarda dans sa direction, il avait vu sur le dos de Lisa et le profil de son visage caché par une mèche rebelle. Son haut noir lui allait bien, du moins épousait la courbe de ses seins.

– T'es une fille tu dois être au courant, fit Ron avachis sur le lit.

– Oui merci, je sais, mais je voulais savoir si vous étiez au courant.

Lisa remis sa mèche derrière son oreille, dégageant ainsi son profil d'une rare finesse.

– On s'en doutait un peu, dit Brian.

D'un mouvement, elle fit pivoter la chaise et se claqua les cuisses.

– Et bien vous et le magazine vous êtes dans le vrai, un mec parfumé, c'est agréable. Et vous votre parfum c'est quoi ?

– Une eau de toilette pour moi, fit Brian innocemment.

– Et moi un parfum, dit Ron en la regardant ne

comprenant pas l'intérêt de cette conversation.

– Ça vous dérange si je viens vous sentir ?

Ron et Brian se regardèrent l'air de se dire qu'elle n'était pas bien ce soir Lisa. Ils lui donnèrent tout de même leur accord. Elle s'avança donc vers le lit et se pencha sur un, puis sur l'autre, elle commença par Brian. Elle renifla longuement et revenait une ou deux fois sur eux afin de ne pas se tromper.

Elle se redressa et les observa.

– Vous sentez drôlement bon les garçons. C'est ton eau de toilette sur l'étagère, demanda-t-elle ensuite en s'adressant à Brian.

– Oui.

Elle se dirigea vers l'étagère sous le regard dubitatif de Brian et de Ron. Elle déboucha le flacon et pris une légère inspiration.

– On peut savoir ce que tu as, demanda Ron effaré.

Lisa haussa les épaules.

– Je fais une pause c'est tout, je m'aère l'esprit.

Sur ses mots, elle retourna au bureau et les garçons ne la comprenaient toujours pas. Ils replongèrent leur nez dans leur travail, jusqu'à ce que Lisa reprenne la parole.

– Au fait, y a une capote usagée dans la corbeille, dit elle en souriant tout en gardant le dos tournée.

Ron et Brian étaient sidérés. Brian se demandait comment Ron avait pu oublier de faire disparaître une telle preuve. Il lui donna un coup sur l'épaule. Lisa se retourna ensuite.

– Vous savez comment elle a atterrit là ? C'est surtout ta chambre Brian, t'aurais une idée, une fille cachée dans le placard ?

Elle remuait la tête ce qui faisait bouger ses cheveux, elle enleva un brin venu se perdre dans son sourire.

Brian restait muet, il réfléchissait à toute vitesse pour trouver une réponse plausible qui ne venait pas.

– Chacun ses secrets, fit il.

Lisa se cala dans la chaise et croisa les bras.

– Moi, je dirais que le préservatif appartient à l'un de vous deux… c'est bizarre, mais… vous sentez le même parfum, et accessoirement l'odeur du mensonge, dit elle d'un sourire.

– Je ne vois pas où tu veux en venir, dit Ron.

Lisa leur fit un grand sourire.

– Vous êtes ensemble depuis quand ?

Brian et Ron revoyaient la mère de ce dernier, avait elle pris l'apparence de Lisa ?

– Ça ne me dérange pas, pas comme vos mensonges !

Brian et Ron se regardèrent, ils se rassuraient, ils s'encourageaient. Ils ne pouvaient plus mentir, ils avaient été coincés par l'irréfragable déduction de l'inspectrice Lisa.

– Deux mois et des poussières, dit Ron en soutenant son regard.

Lisa quitta le bureau et se jeta entre eux deux, puis elle les embrassèrent sur la joue, chacun une bise.

– Félicitation, je suis contente pour vous.

Quelle réaction pensaient ils.

– Vous vous rendez compte, je n'ai même pas de mec et vous si ! Faut que je me dépêche, dit elle d'un sourire de bonheur.

Elle leur demanda ensuite comment était née cette relation, elle voulait savoir tous les détails, chacun achevait la phrase de l'autre. Ils étaient si heureux de lui faire partager leur bonheur. Lisa buvait leurs paroles.

– Bon, je dois vous laisser, fit Ron en ramassant ses affaires.

– Woah il est déjà vingt heures, s'exclama Lisa en regardant sa montre.

– Mes parents ne rentreront pas tout de suite.

– Oui, mais mes parents doivent peut être m'attendre c'est tellement rare, dit Ron avec le sourire.

– Le bisou, le bisou, scanda Lisa.

Ron et Brian échangèrent un regard, pas question pour eux de se donner en spectacle. Ron salua Lisa, et Brian l'accompagna jusqu'à la porte d'entrée. Comme toujours, il était dur pour eux de se séparer l'espace de quelques heures. Ron se pencha et embrassa Brian dans la pénombre du vestibule. Un baiser long et intense. Lisa était quant à elle perchée en haut de l'escalier, elle attendait qu'ils arrêtent.

– Je vous ai vu, cria-t-elle avant de regagner rapidement la chambre.

Ron et Brian soupirèrent face à ces enfantillages.

Un dernier baiser ponctué d'une tendre étreinte, et Ron pris congé.

En regagnant sa chambre, Brian vit Lisa sur sa chaise de bureau avec un grand sourire aux lèvres. Il se mit à sourire à son tour en retournant sur son lit.

– Petit cachottier ! Tu sors avec le plus beau mec du lycée, tu l'embrasses et plus encore, et tu as osé ne pas me mettre dans la confidence.

– C'était délicat.

– Je te comprends ! Alors il embrasse bien ?

Brian ne pouvait s'empêcher de sourire.

– Et au lit, demanda Lisa d'un air malicieux.

– Oui et oui, c'est tout ce que tu sauras.

Bizarrement cette réponse lui suffisait amplement, c'était leur histoire après tout, si Brian voulait en dire plus, elle serait là.

Quand Ron arriva chez lui, ses parents allaient justement passer à table. Sa mère l'accueillit avec un grand sourire. Il lui fit une bise et s'assit. Il commença par déplier sa serviette sous le regard de son père qui ne disait rien.

Son père approchait de sa quarante neuvième année, il avait les tempes grisonnantes qui lui donnait du charme. Il était encore très beau pour son âge, il n'avait pas tellement de ride. Toujours bien habillé, même en vacances il ne quittait pas son pantalon en toile, à part les jours de grosse chaleur. Depuis son arrivé, il avait à peine adressé la parole à son fils, il ne l'avait pas vu grandir et ne savait pas vraiment ce qu'il aimait. Leur discussion se limitait à la pluie et au beau temps, ou parfois il ne se disait qu'un simple bonjour. La maison aidant, ils se croisaient très rarement. Et quand ils leur arrivaient de discuter, ils se comprenaient à peine. Pourtant lorsque Ron était plus jeune, ils étaient inséparables. L'adolescence de Ron était peut être pour quelque chose, une crise par ci, un crise par là, mais rien de très grave. Quant à lui il croulait sous une tonne de travail, il n'avait pas une seconde pour son fils lorsqu'il était de visite comme ces temps ci. Ils avaient donc tout deux, une certaine par de responsabilité dans cette relation père fils un peu chaotique.

– Où étais tu, lui demanda son père.

Monsieur Williams coupait son entrecôte, il ne leva même pas la tête.

– Chez Brian.

– Tu sais, je t'en ai parlé, c'est son camarade de classe qui le fait travailler, fit sa femme.

– Oui vaguement, répondit monsieur Williams.

Cela n'étonnait pas Ron toutes les informations qui le concernait était vague à la connaissance de son père.

– Nous repartons ce week-end, lui informa son père.

– Déjà, fit Ron interloqué.

Sa mère buvait son verre d'eau comme pour cacher la culpabilité qu'elle avait de laisser son fils une fois encore. Elle devait suivre son époux, elle avait un rôle tout aussi important que lui dans les affaires qu'ils avaient.

– Les affaires, tu sais ce que c'est, fit monsieur Williams habitué à laisser son fils.

– Je ne sais que trop, répondit Ron.

Son père avala la bouché qu'il avait avant de reprendre la parole.

– Tu insinues quoi exactement ?

– Rien, fit Ron en portant sa fourchette à sa bouche.

– Exprime toi, va au bout de ta pensée, lui dit son père sur un ton posé.

Ron soupira.

– Je dis juste que les affaires passeront toujours avant moi.

Sa mère commença à être mal à l'aise, ses yeux se baissèrent et ses mains étaient posées sur ses cuisses, elle devinait déjà la tournure qu'allait prendre le semblant de conversation.

– Regarde au tour de toi, si je ne travaillais pas comme je le fais, tu n'y serais pas.

– Dois je te remercier ?

Son père ne daignait même pas le regarder dans les yeux.

– Un peu de gratitude ne fait pas de mal, dit il en continuant tranquillement de dîner.

– Dois je aussi avoir de la gratitude pour vos absences trop longues et trop répétées ?

Son père s'essuya la bouche et le regarda dans les yeux.

– Beaucoup d'adolescents aimeraient avoir la vie que tu mènes, de l'argent et des parents absents tout le temps.

– Je ne suis pas « beaucoup d'adolescents », les adolescents ne veulent pas des parents absent, mais des parents qui ne soit pas sur leur dos tout le temps, fit Ron légèrement excédé.

– Vois le bon côté des choses, au moins comme ça nous ne sommes pas sur ton dos.

– Tu veux dire dans ma vie.

Son père fronça les sourcils.

– Tu vas trop loin.

– Comme vous.

– On n'est pas dans ta vie là ?

Ron balança la tête, son père voulait toujours avoir réponse à tout, et aussi le dernier mot.

– Non, tu fais de la figuration.

Son père serra sa serviette, comment son fils osait il lui répondre de la sorte après tout ce qu'il avait fait pour qu'il ne se sente pas dans le besoin. Quelle ingratitude, que voulait il de plus, se demandait il en son for intérieur.

– Tu connais plus tes affaires que mes goûts, ou à ce qui se passe au lycée, à mes progrès, à ce que je vis.

– Dans ce cas fait comme tout le monde, appelle mes avocats ils me tiendront au courant, dit il en rigolant.

Ron constata que son père avait changé, tellement changé, comment avoir de nouveau cette complicité d'antan avec un homme dont les affaires avait rendu cynique. Chaque interlocuteur pour lui était un client ou un adversaire potentiel.

– Grégory, s'écria sa mère s'adressant à son mari.

– Laisse tomber maman.

Son père s'éclaircit la voix, il ne pensait pas que Ron était sérieux, il ne leur avait jamais fait de reproche jusqu'à maintenant. Avant, tout n'était que sous entendu. Il n'y tenait pas compte, il faisait comme si il ne comprenait pas pour ne pas avoir à y répondre. Ainsi, il ne se sentirait pas coupable, pour lui son fils était riche et en bonne santé, c'était tout ce qui lui importait. Du moment qu'il se taisait, il n'avait donc rien à se reprocher, même si de temps à autre sa conscience le rappelait à l'ordre. Une fois tout les six mois, il téléphonait alors à son fils qui était devenu en quelque sorte un étranger.

– Et bien je t'écoute, dit il en appuyant son dos contre le dossier de la chaise.

Ron se taisait, il ne voyait plus l'intérêt de parler.

– Je t'écoute Ron, fit son père calmement.

Ron ne parla toujours pas. Il avait la tête penchée dans son assiette à regarder sa fourchette faire rouler les petits pois.

– Ron, je t'écoute à présent, parle, dit il sur un ton autoritaire.

Ron se mit à sourire en balançant la tête de

gauche à droite, comme si l'absurdité de la situation le dépassait.

– C'est comme ça que tu veux savoir ce qui se passe dans ma vie, sur un ton plus qu'autoritaire à la limite de me foutre une raclé ?

– Tu ne l'aurais pas volé celle là.

Ron soutenait le regard de son père, il pensa à tous ses anniversaires manqués, à ses réunions parents professeurs où il avait toujours été absent…

– Et bien je vais te dire ce qui se passe dans ma vie si tu y tiens vraiment, j'ai fais des progrès en cours, je pourrais même aller à l'université, et en plus de ça je me pais le luxe de sortir avec un garçon des plus formidable, voilà ce qui se passe dans ma vie !

– Tu voulais dire fille, rectifia son père.

– Non papa, garçon, Brian !

Son père resta prostré sur sa chaise, il se retourna vers sa femme lui demandant si c'était la vérité. Elle hocha la tête pour acquiescer les dires de son fils.

– Tu le sais depuis quand, demanda-t-il à sa femme outré de ne pas avoir été mis au courant.

– Il n'y a pas longtemps.

– Il te l'a dit ?

– Pas vraiment.

Madame Williams ne savait plus quoi faire, elle se sentait impuissante.

– Elle nous a surpris en train de nous embrasser, dit Ron défiant le regard de son père.

Ce dernier soupira en balançant la tête.

– S'embrasser, fit il d'un air atterré en jetant sa serviette sur la table.

– C'est un charmant garçon, dit sa femme en essayant de minimiser cette annonce.

– Je m'en fiche que ce garçon soit charmant, tout ce que je retiens c'est que ma chair et mon sang…

Il n'eut même pas envie de continuer sa pensée. Il ne regarda ni son fils ni sa femme en quittant la table. Pour lui, sa femme l'avait trahi, comment avait elle pu lui cacher une telle information ? Et son fils, comment était il tomber là dedans lui si viril ? Il avait toutes les filles de la ville à ses pieds comment avait il pu s'enticher d'un garçon. Il ne comprenait pas, était ce son absence, était ce une révolte, une autre crise d'adolescence. Il retournait dans tout les sens ce qui lui apparaissait comme un problème. Comment en venir à bout ? En devenant père, il ne s'était jamais mis face à ce cas de figure. Son fils n'était plus celui qu'il croyait être. Que croyait il vraiment, il ne le savait plus et connaissait encore moins son fils, ce beau post pré pubère qui venait de lui tenir tête. Il avait beau marcher de long en large dans son bureau, il ne comprenait pas ce que sa vie était devenue. Il l'avait planifié jusque dans ses moindres détails, mais il réalisa que tous ses plans étaient partis en fumée le premier jour où il avait laissé son fils à des nourrices, il n'avait que dix ans.

Ron roulait à travers la ville, il était parti de chez lui, pour ce soir. Il ne voulait pas voir son père. A présent il se sentait libre, il se sentait fort. Cependant, il était partagé entre bonheur et tristesse, bonheur quand il pensait à Brian et tristesse quand il pensait à son père. L'absence n'avait fait qu'envenimer leur relation. Il repensait à ces moments heureux qu'ils avaient pourtant partagés par le passé. Un parfum de nostalgie flottait dans l'air. Il roula là où son cœur avait envie d'être. Il se gara devant une maison qui lui était devenu familière et prit son téléphone portable.

Dans sa chambre paisiblement endormie, Brian fut extirpé du monde des rêves. Son téléphone sonnait. Il écarquilla ses yeux pour voir le nom qui s'affichait. Ron, à cette heure ci se disait il.

– Allô.

– Je suis devant chez toi.

– Quoi ?

– Descends s'il te plaît.

– Bouge pas j'arrive.

En ouvrant la porte, Ron était déjà là, quelque chose n'allait pas, cela se voyait. Brian fit un pas sur le porche et entrebâilla la porte. L'air frais le faisait frissonner, mais il oublia vite cette sensation, Ron avait un drôle de regard. Un regard qu'il ne connaissait pas.

– Qu'est ce que tu as, lui demanda-t-il.

– J'avais envie de te voir.

Ron s'approcha de lui et lui caressa le visage, Brian appuya sa tête dans le creux de sa main. Après ce moment d'affection, il rouvrit les yeux et mis fin au silence de la nuit.

– Une grosse envie vu l'heure tardive.

– Pas cette envie là.

Brian souriait en se demandant bien ce qu'il avait.

– Mes parents s'en vont d'ici demain.

C'était dont ça pensa Brian. Ron était affecté par leur départ.

– Mon père est au courant pour toi et moi.

Brian ouvrit grand les yeux à cette annonce, pas possible se disait il, lui aussi, s'exclamait il intérieurement.

– Raconte, fit il curieux de savoir comment cela c'était passé.

– C'était bizarre, mais je suis fatigué, j'ai envi de dormir, je peux resté ?

– Mes parents… oui, fit Brian abasourdit.

Il n'allait quand même pas laisser Ron errer dans les rues surtout avec la tête qu'il avait. Ils montèrent les escaliers avec minuties pour ne pas faire de bruit. Les parents de Brian dormait à point fermé dans la chambre d'à côté. Brian referma sa porte de chambre dans le plus grand des silences. Ils chuchotaient pour ne pas se faire entendre.

– Je suis désolé de m'imposer, fit Ron.

– C'est rien et puis ça change, répondit Brian avec un sourire.

– Comment on va faire pour tes parents demain ?

– T'inquiète j'ai mon sac plein de fausses vérités.

Ron sourit et commença à se dévêtir, il entra ensuite dans le lit. C'est vrai qu'il faisait frais ce soir, la place que Brian n'occupait pas était froide. Ron s'acclimata donc dans les bras de Brian.

– Tu sais que t'es mignon avec ton tee-shirt et ton bas de pyjama bleu à carreau.

Brian regarda machinalement ses vêtements de nuit.

– On ne me l'avait pas encore sorti celle là, fit Brian d'un sourire moqueur.

– Tu sais quoi…

Brian était curieux d'entendre la suite.

– Plus tard, je voudrais un lit comme le tiens, à la norme, pour être sûr que tu restes dans mes bras toute la nuit, j'irais même jusqu'à prendre un lit une place.

– C'est la plus belle chose qu'on ne m'ai dite, ce soir tu les enchaînes.

– C'est sincère, je me tais maintenant, bonne nuit.

Il embrassa le torse de Brian et plaça sa tête dans le creux de son épaule, direction le pays des rêves. Brian lui appliqua un baiser sur le front et se rendormit.

Chapitre 14
Inquiétude

La rue paisible du quartier de Brian laissa sa place à une rue où la vie de tous les jours émergeait tranquillement. Des joggeurs foulaient le trottoir situé devant les maisons, tandis qu'une jeune fille promenait son chien un livre à la main, mais la grande majorité des voisins voyaient la journée débuter dans leur cuisine, bien au chaud.

C'est ce matin là que Madame Mackenzie eu la peur de sa vie en voyant Ron dans la sienne en train de préparer le petit déjeuner.

– Mais qu'est ce que tu fais là ?

Ron sursauta.

– Désolé de vous avoir fait peur madame Mckenzie.

La mère de Brian tenait fortement le col de son peignoir bleu ciel tacheté de rose, elle s'assit pour reprendre son rythme cardiaque. Ron s'avança et s'expliqua.

– Hier soir j'ai eu un coup de stresse et de déprime à cause des exams, j'ai appelé votre fils alors que j'étais déjà garé en face de chez vous, voyant l'état dans lequel j'étais, il m'a proposé de dormir ici.

– C'est tout lui, toujours prêt à tendre la main.

– Et donc ce matin je vous remercie en vous faisant le petit déjeuner.

– Ça sent drôlement bon, fit elle en s'approchant de la cuisinière.

Brian se leva une demi heure plus tard. Il chercha Ron de sa main. Ne le trouvant pas il ouvra les yeux et se redressa. Il regarda partout dans la chambre, il n'était plus là. S'était il enfuit au petit matin pendant qu'il dormait si bien ? Intrigué il sorti du lit, avait il rêvé ? Tout en descendant les escaliers il entendit des éclats de voix. Au pas de la porte de la cuisine, il vit son père, sa mère et Ron. Ils avaient l'air de passer un agréable moment, du moins leurs rires le laisser penser.

– Tu devrais l'inviter à dormir plus souvent, le petit déjeuner est excellent, fit son père.

– On l'engagera à mi-temps, on lui donnera ta chambre, dit sa mère.

– C'est toujours agréable de se sentir aimé dés le matin, répondit Brian.

Quel bobard Ron avait il bien pu leur servir sur un plateau, se demandait il intérieurement en rejoignant la table. Il oublia cette interrogation en découvrant avec stupeur l'agréable goût des gaufres.

Ron lui avait caché ses talents culinaires. Le petit déjeuner était tout ce que Ron savait maîtriser en cuisine, le reste lui était servit. Ron ne tarda pas et s'en alla en milieu de matinée.

Arrivé chez lui, une limousine était garée dans l'allée gravillonnée. Le chauffeur était en train de placer les bagages dans le coffre. Ses parents firent ensuite leur apparition en haut des marches qui desservaient la maison.

– J'arrive juste à temps.

– Oui, lui fit sa mère qui avait du mal à quitter son fils.

Leur jet les attendait. Il enlaça sa mère et la regarda entrer dans la limousine et remercier le chauffeur. Son père et lui se regardèrent un long moment dans un profond silence. L'endroit d'habitude très calme, amplifiait aujourd'hui ce silence. Son père s'avança et le pris dans ses bras un très court instant, aucun mot n'eut été prononcé. Il se retira ensuite dans la limousine sans un dernier regard pour son fils. La chauffeur referma la porte, Ron du haut des marches regarda la voiture démarrer et s'en aller. C'était un départ sans effusion comme tant d'autre par le passé, mais cette fois tout avait été dit. Ron était beaucoup plus serein, le cœur légé, il retourna dans sa chambre sans pour autant ne pas avoir un pincement.

Allongé sur le lit, il se demandait bien quand ils allaient revenir, serait ils de retour pour le voir monter l'estrade et recevoir son diplôme dans l'habillement de circonstance ? Ron pensait beaucoup à ce moment, il voulait l'avoir ce diplôme, il était sur la bonne voie, il avait travaillé pour ça. Il repensa ensuite à cette dernière année au lycée comme si c'était déjà la fin. Il souriait en pensant à toutes les choses qu'il avait vécu jusqu'ici, jusqu'à cet instant teinté de nostalgie. Il regarda ensuite autour de lui, il allait devoir quitter tout ça pour un ailleurs qu'il ne connaissait pas. Il s'était souvent imaginé cette période de sa vie et réalisa que ce n'était pas ce qu'il avait prévu. Certes, il serait allé à l'université, mais seulement grâce aux relations qu'avait son père ainsi qu'à ses prouesses sportives, mais certainement pas à cause de ses résultats scolaires. Il s'était trompé sur toute la ligne, autant sur le plan scolaire qu'affectif. Brian avait réussir à faire de lui quelqu'un d'autre, il avait réussi là où d'autres avaient échoué avant lui. Brian. Qu'allait il devenir de lui ? Qu'allaient ils devenir ? Ils en avaient si peu parlé, Brian évitait ce sujet, il voulait profiter de l'instant présent et remettre ces interrogations à un autre moment. Il avait beau repousser cette échéance, mais pour combien de temps ?

Plus tard dans la soirée, il avait invité Brian à le rejoindre dans le bain du jacuzzi. Ron était à la bière et Brian au coca. Ils se faisaient masser par toutes les petites bulles qui jaillissaient du bain à remous. C'était un moment agréablement relaxant. L'endroit était calme, seul le bruit des bulles se faisait entendre. Le parc était plongé dans une douce lumière, celle de la pleine lune. Les quelques lanternes tamisées offraient un havre de paix à ses yeux amoureux.

– Nous revoilà comme avant, fit Brian.

– Tous seuls, sans parents.

– Désolé.

– Tu n'as pas à t'excuser, maintenant que je leur ai dit ce que je pensais tout va pour le mieux.

Ron s'amusait à faire remuer sa bière dans sa bouteille.

– Et pourquoi tu continues à boire ?

Ron regarda la bouteille qu'il avait dans la main, puis regarda Brian.

– A t'entendre je suis un alcoolique.

– Non, mais tu es toujours en quête d'ivresse.

– Ce n'est qu'une bière.

– C'est encore une bière.

Ron lui fit une moue qui voulait dire arrête de me faire la morale.

– Après tout ce qui s'est passé, j'ai le droit de boire, tu ne crois pas ?

– Ok, j'ai rien dit, mais dit toi qu'on boit généralement pour oublier.

– Blablabla.

Brian se mit à sourire, il savait très bien qu'il ne pourrait pas lui faire perdre cette habitude. Il l'avait changé, mais ne pouvait faire plus.

– Tu sais quoi, je dépose ma bière si tu acceptes que l'on parle.

– Parler de quoi, fit Brian déjà agacé.

Brian porta son regard ailleurs, le pot de fleurs sur la table de la terrasse était un parfait échappatoire.

– Tu sais très bien de quoi, sinon tu ne ferais pas cette tête là.

– Ok dépose ta bière, fit Brian en soupirant.

Ron balança sa bouteille dans le parc sous le regard peu satisfait de Brian.

– C'est bon, j'irais la mettre dans la poubelle tout à l'heure, sinon je sens que tu vas bientôt appeler green peace, fit il, après quelques secondes de silence il reprit, qu'est ce qu'on va bien pouvoir faire après le lycée ?

– Nous n'irons tout simplement pas dans la même université.

Brian avait un air désinvolte, un regard fuyant.

– Ça je sais, on a pas fait les mêmes demande.

– Normal, on ne se connaissait même pas.

– Arrête de tourner autour du pot. Tu sais très bien que je veux parler de l'avenir de notre relation avec tous ces kilomètres entre nous.

Brian regardait le ciel étoilé au dessus de leur tête, il ne voulait pas penser à une éventuelle séparation qui se profilait. Les relations à distance tiennent rarement la route. Il aurait tant aimé être là haut avec ces étoiles pour échapper à ce destin qu'il ne pouvait contrôler. Tout allait si bien jusqu'à présent. Pourquoi ne s'étaient ils pas rencontrer bien avant, se demandait il.

– On se verra pour les fêtes et pour les vacances, fit il en souriant.

Ron savait très bien qu'il ne pensait pas un traître mot de ce qu'il disait.

– Le coup de la légèreté ça ne marche pas, en tout cas pas ce soir.

– Je sais, fit Brian agacé.

Ron se rapprocha de lui, son déplacement faisait dansait la vapeur de l'eau qui bouillonnait. Il s'adossa et mis Brian tout contre lui, sa tête tout contre la sienne, il ne savait pas non plus quoi dire. Brian était devenu très important pour lui. Il embrassa sa joue.

– Je suis autant affecté que toi, tu sais.

– Je sais, la simple idée d'être loin de toi me déplait.

– A moi aussi, mais la vie est ainsi, toutes les bonnes choses ont une fin…

– … heureuse.

Ron se mit à rire. Quand il ne déguisait pas ses phrases de légèreté, Brian était toujours plein d'optimisme même dans la pire des situations.

– Trouve nous cette fin alors, murmura Ron à l'oreille de Brian.

Il le serra fort contre lui et posa un baiser dans son cou.

– Après les examens j'y songerais d'avantage.

– Je peux compter sur toi pour ça.

Puis, ils se tuent un long moment, comme pour graver à tout jamais l'un de ces derniers instants d'insouciance que la vie leur accordait avant de s'en mêler réellement.

– A quoi tu penses, demanda Ron en lui susurrant ces mots à l'oreille.

– Je me disais que je ne l'avais jamais fait dans un jacuzzi.

– Dans ce cas…

Après un long moment dans le jacuzzi, ils regagnèrent la chambre, là où tout avait commencé. Toujours dans les bras de l'autre, ils essayèrent de trouver le sommeil. Un sommeil qui tardait à venir, l'inquiétude de l'avenir de leur relation planait dans leurs esprits, mais aussi les derniers rebondissements dans la vie de Ron. Et enfin, se mêlait aussi le stress des exams.

Chapitre 15
Une journée de succès

Les cours se terminaient les uns après les autres, le tout ponctué par des conseils que les professeurs donnaient, nul l'ombre d'un doute : l'examen final se profilait. Lisa et Brian étaient tapis dans l'herbe sous l'arbre qu'ils avaient adopté. L'ambiance du lycée montrait la fin d'une époque. Les élèves se faisaient de plus en plus rares dans les couloirs.

– J'en aurais bientôt fini avec ce bahut, fit Lisa.

Lisa regardait tout autour d'elle repensant aux affreux moments qu'elle avait vécu et qui allaient bientôt être derrière elle.

– Ouais, je ne l'ai pas vraiment connu comme toi, mais j'ai hâte que tout cela se termine.

– Après la semaine d'examens, ça sera la libération. Au fait, tu comptes y aller au bal de fin d'année ?

Brian arrachait des brins d'herbes, les regardait et les jetait.

– Je n'en ai pas très envie. Si j'y vais, je resterais dans mon coin à regarder les autres danser.

– Moi en tout cas, j'y vais pour enterrer ces années de galère. Tu devrais venir sinon je n'aurais personne avec qui danser, dit elle en l'implorant du regard.

Brian se mit à sourire.

– Je ne sais pas danser, au moins la question est réglée.

Elle le frappa avec l'épais bouquin qu'elle avait dans les mains.

– Mais qu'est ce qui vous arrive, demanda Ron qui venait les rejoindre.

– Y a que monsieur ne veut pas aller au bal, fit elle en agitant son index.

– Ah ouais, tu ne veux pas y aller ?

Ron enleva son sac de son épaule et s'installa à côté de Brian.

– Pourquoi faire, dit il en regardant Ron s'assoir prés de lui.

Ron haussa les épaules.

– Et bien parce que c'est la tradition et que je veux que tu viennes.

– Il veut que tu viennes et tu viendras, s'écria Lisa, et puis j'ai besoin d'un cavalier, dit elle timidement.

Brian rigola.

– C'est plutôt pour ça, et bien vous n'avez qu'à y aller ensemble, le problème est réglé.

– Tu ne t'en tirera pas comme ça, fit Ron en balançant la tête.

– Que tu le veuilles ou non, vous passerez tout les deux me prendre chez moi dans une belle voiture, s'exclama Lisa, qui avait vraiment envie d'y aller, et qui ferait tout pour que Brian y soit également, elle argumenta ensuite, dis toi que ceci sera l'apogée de notre belle rencontre, ça sera peut être la dernière fois qu'on se verra car nous n'irons pas dans la même université toi et moi.

Cette manière de présenter les choses, rappela soudain à Brian que Ron et lui n'allaient également pas dans la même université. Le hasard avait fait que Ron et Lisa allaient intégrer la même université. Brian se leva et s'en alla sans dire un mot sous le regard interloqué de Lisa. Ron lui, savait ce qu'il se passait dans sa tête, il abandonna Lisa sans un mot pour aller le rejoindre. Brian pressait ses pas, il voulait s'éloigner pour oublier l'inévitable.

– Brian attends !

Brian ne s'arrêta pas, il continua à marcher encore plus vite. Ron fit quelques foulés pour le rattraper, il posa sa main sur son épaule pour le freiner dans sa fuite.

– Qu'est ce que tu as, lui demanda Ron dans l'allée déserte.

– Je ne veux pas que ce fichu bal arrive, je ne veux pas que ce bal de merde arrive, je veux que le temps s'arrête, je veux te garder, dit il en reniflant ses larmes et la rage qu'il avait contre ce destin.

Ron l'amena tout contre lui et le serra fort dans

ses bras. Brian passa ses mains sous le blouson de Ron pour l'enlacer.

– Moi aussi je voudrais pouvoir arrêter le temps, dit toi qu'on a encore les vacances pour être ensemble.

– Ce n'est pas juste, j'aurais du voir la date de péremption sur ton emballage.

Ron pouffa de rire. Il le reconnaissait bien là, toujours plein de légèreté pour diminuer le sérieux de la situation.

Après quelques instants de silence Brian reprit la parole.

– Dis à Lisa que je viendrais à ce fichu bal, pour l'heure, je rentre, j'ai besoin d'être seul.

– D'accord, je t'appelle plus tard.

L'examen final approchait de plus en plus, le temps des révisions était déjà bien entamé. Les jours s'écoulèrent aussi vite que la lumière. C'est toujours dans cette période que le temps défile faisant naître un stress qui grandit au fur et à mesure que le temps s'enfuit. Le temps était ici l'unique complice de ce jour fatidique.

Les épreuves se succédaient, mais ne se ressemblaient pas, la veille tout s'était bien passé, le jour d'après c'était moyen vice et versa jusqu'à la fin des examens.

Le soulagement était grand à la sortie de la dernière épreuve. Les esprits se sentaient enfin libre, mais cogitaient à la seule pensée des résultats. Allaient ils réussir ou pas ? Allaient ils gravir les marches de l'estrade de la réussite pour prendre le bout de papier si symbolique ? L'attente était longue jusqu'à la proclamation. Et puis vint le jour tant redouté, mais tant attendu, ils ne pouvaient plus reculer. C'est avec joie, et stupeur pour certains, qu'ils avaient été acceptés. Joie pour Lisa et Brian, stupeur pour Ron qui n'en croyait pas ses yeux. Il relu plusieurs fois ses résultats avant de tomber dans les bras de Brian qu'il souleva du sol sous le regard de Lisa qui riait aux éclats. Ron déposa ensuite Brian sur la terre ferme.

– Je ne serais jamais arrivé sans toi, dit il le regard plein de reconnaissance.

– Oui, en effet heureusement que j'étais là.

Ron se mit à sourire et enlaça encore une fois le premier de la classe et le premier dans son cœur. Son étreinte était pleine de gratitude et de joie pour les passants, mais pour lui c'était de l'amour. Pour une fois en public, il pouvait se laisser aller à son envie irrépressible de le serrer tout contre lui.

Pendant que Brian appelait ses parents, Ron appela les siens pour leur faire part de son succès. Pas de grand discours, juste un « j'ai réussi ». Sa mère était heureuse pour lui, son mari n'étant pas à ses côtés elle le lui dirait aussitôt qu'elle l'aurait retrouvé. Ron raccrocha ensuite et regarda Brian encore pendu au téléphone, il était tout souriant, il ne semblait plus vouloir raccrocher et ses parents ne semblaient pas le vouloir aussi. Ron se mit à sourire, il avait le sourire à chaque fois qu'il regardait Brian. Il s'avança prés de lui après qu'il ait raccroché.

– Mes parents vont faire un dîner et tu es invité. Nous serons que tout les quatre.

– Normal qu'ils invitent le gendre et pas la maîtresse, fit Lisa.

– J'imagine que ta famille fait aussi un dîner, lança Brian.

Lisa acquiesça de la tête.

– Si tu veux, tu peux passer après.

Lisa n'allait pas rater l'occasion de trinquer avec ses amis petits amis. Ils se dirigèrent ensuite vers l'extérieure. Ron accompagna Lisa et Brian à l'arrêt du bus, ils voulaient le prendre une dernière fois.

– Félicitation, fit Ron.

– Merci, mais félicitation à toi aussi.

– Ma mère est très contente.

– Et ton père, demanda Brian l'air intrigué.

Ron regarda le lycée, il n'y viendrait plus après « le bal » de fin d'année.

– Il n'était pas là, pour changer.

Brian passa sa main sur le bras de son ami comme pour le réconforter.

– Ce n'est pas grave, ça va. Et pour ce soir, tenue correcte exigée, demanda Ron.

– Pas de smoking, mais classe quand même, fait honneur à ta réussite.

Ron et Brian se séparèrent par une accolade discrète pour les regards, ils se retrouveraient de toute manière ce soir pour mieux se tomber dans les bras.

Chez Brian c'était l'effervescence, l'excitation se mêlait à l'odeur de la cuisine que sa mère préparait. Son père n'arrêtait pas de le féliciter pendant qu'il l'aidait à mettre le couvert. Il avait insisté pour que son fils ne touche à rien. Mais Brian voulait donner un coup de main, il n'allait pas rester dans son coin à attendre, et puis, il fallait qu'il s'occupe. Il avait tellement hâte de voir Ron que rester assis à regarder l'horloge aurait été un supplice. Pendant qu'il était à l'étage en train de se préparer, Ron était sur le pas de la porte prêt à frapper. Il ajusta une dernière fois sa chemise en faisant bouger ses épaules, il essayait aussi de se +détendre. Il ne devait rien laisser filtré de son attirance pour le fils de ses hôtes. Il avait apporté des fleurs, et une bouteille de vin provenant de la cave de son père. Il sonna enfin. C'est le père de Brian qui lui ouvrit, Ron le salua en lui tendant la bouteille. Ils échangèrent quelques politesses et se rendirent au salon. La mère de Brian, qui cachait derrière son tablier une robe noire, était ravie du beau bouquet qu'il lui avait apporté. Elle le déposa immédiatement dans un vase, puis alla chercher son fils.

Elle frappa à sa porte.

– Ton ami est là, fit elle sans l'ouvrir.

Elle retourna ensuite en cuisine.

Quand Brian arriva dans le salon, il vit Ron bavardant avec son père, le sujet était ses prouesses sportives.

– Bonsoir major, fit Ron en voyant Brian à l'embrasure de la porte.

– Arrête avec ça, bonsoir.

Monsieur Mackenzie alla rejoindre sa femme en cuisine pour voir si elle n'avait pas besoin d'aide, ou de quelqu'un qui l'aide psychologiquement par sa présence et sa non action.

Brian regarda son père quitter la pièce avant de parler.

– Tu es drôlement beau ce soir.

– Merci, mais tu n'es pas mal non plus. J'ai apporté des fleurs pour ta mère et du vin pour ton père, mais pour toi je n'ai rien.

Brian souriait, il s'en fichait des attentions de ce genre, l'important c'était que Ron soit là.

– Ah si, j'ai apporté un baiser, dit Ron en s'approchant de Brian.

– Rappel toi de ce qui s'est passé la dernière fois.

– Oui, mais ma mère n'est pas là, dit il en souriant.

Il lui vola un baiser sans être surpris. Brian balança la tête, Ron était incorrigible.

Le dîner était agréable et la nourriture était délicieuse. Madame Mackenzie était un vrai cordon bleu. Ron pensa alors qu'il ne savait même plus quel était le goût de la cuisine de sa mère. Au court du repas, son téléphone se mit à sonner. Il s'excusa et quitta la table, puis répondit. C'était son père. Il se retira dans le salon.

– Félicitation, dit son père à l'autre bout du fil.

– Merci.

– Je suis fier de toi.

Ron n'en revenait pas de ces mots prononcés.

– Woah ! C'est le décalage horaire ?

– Il faut croire.

– Avec ta mère nous rentrons très bientôt pour ta remise de diplôme.

Ron marchait à travers le salon.

– Je devrais réussir plus souvent mes examens alors.

A l'autre bout du fil son père souriait.

– Bon je dois te laisser.

– Ok c'est gentil d'avoir appelé, ça me fait plaisir.

– Je t'aime.

Ron resta abasourdit à la prononciation de ces mots.

– Je t'aime aussi papa.

Il resta un moment pensif après avoir raccroché. Etait ce bien son père au téléphone ? Il avait été si différent. Ron jeta ensuite un œil sur les photos de famille disposées un peu partout dans le salon.

Brian remarqua son drôle d'air après qu'il les ait rejoins dans la salle à manger.

– Ça va, lui demanda-t-il discrètement.

– Oui.

Le dîner repris son court normal, Ron avait encore en tête les derniers mots prononcés par son père, tandis que Madame Mackenzie remplissait son assiette. Elle était si contente que sa cuisine soit appréciée. Ils trinquèrent ensuite à la réussite.

Les jeunes diplômés terminèrent la soirée chez

Ron en compagnie de Lisa. Pendant qu'elle barbotait dans la piscine, Ron fit part à Brian de sa conversation téléphonique.

– Tu dois être content.

– Oui, mais surpris également.

Ron s'adossa sur le plan de travail.

– Les choses s'arrangent.

– Oui.

Il s'avança vers Brian, il avait besoin d'une étreinte. Il l'embrassa ensuite.

– J'ai le champagne et toi les verres, allons rejoindre Lisa à la piscine avant qu'elle ne s'imagine des choses.

– Oui, tu as raison.

Tous trois, installés dans le jacuzzi de la piscine, trinquèrent à leur réussite.

Plus tard au couché, Lisa jouait à la princesse dans une des chambre de la maison, laissant ainsi son couple d'amoureux préféré en paix.

La chambre de Ron avait pour simple éclairage la seule lumière des lampes de chevet. Dans cette douce luminosité, Ron allongé sur son flan gauche faisait jouer ses doigts sur le torse de Brian qui était perdu dans ses pensées le regard fixé au plafond.

– A quoi tu penses, lui demanda-t-il.

– A tellement de chose.

– J'en fais parti ?

Brian tourna la tête en sa direction, Ron avait les yeux qui brillaient.

– Bien sûr, lui fit il pour réponse.

– Tu penses à moi en bien ou en mal.

– En bien, mais le mal n'est pas si loin.

Ron eu un regard plus interrogateur que langoureux.

– Je pense à l'inéluctable fin qui approche.

Ron se rabattit violement contre le matelas ce qui entraîna des secousses.

– Je t'ai déjà dit de ne plus y penser, profitons pour l'instant, le reste on verra plus tard.

– La différence entre toi et moi, c'est que je ne peux pas !

– Et pourquoi, demanda Ron en tournant la tête vers lui.

– Parce que je t'aime.

Ron était ému parce qu'il venait d'entendre, c'était la première fois que Brian prononçait ces mots là. Il se rapprocha de lui et l'embrassa d'un doux baiser.

– Moi aussi je t'aime.

Il posa ensuite sa tête sur son torse. Ils restèrent une longue partie de la nuit dans un profond silence. La chambre était si calme, bien qu'eux aussi semblaient apaisés, ils n'étaient pas au rendez vous de Morphée. La vue d'eux enlacés, laissait penser à un même être qui avait les mêmes pensées. Chacun de leur côté, n'arrêtait pas de se demander ce que l'avenir leur réservait, ils étaient si bien ensemble comment imaginer un lendemain où l'autre serait si loin. Peu à peu, ils se laissaient bercer par la respiration de l'autre et finirent par s'endormir, mettant ainsi en veille ces pensées d'un lendemain plein de chagrin.

Chapitre 16
La remise des diplômes

Deux jours plus tard, les parents de Ron étaient de retour. Les accolades de félicitations étaient de circonstance. Madame Williams demanda à son fils des nouvelles de Brian, ce genre de conversation était si nouveau, sa mère semblait vraiment s'intéresser à sa relation. A l'époque de Cristale, elle ne demandait pas grand-chose, elle ne l'appréciait pas particulièrement. Son père écoutait d'une oreille curieuse cette conversation qu'il n'aurait jamais osé aborder de lui-même.

– Il va bien.

– Et vous deux, demanda finalement sa mère.

– Nous deux, ça va, fit Ron qui semblait content que la question soit posée.

Monsieur Williams avait encore un peu de mal à se faire à cette idée, et puis il ne connaissait pas Brian. Il l'avait seulement aperçu, il ne s'était pas attardé dessus. Ce qu'il savait, c'est qu'il avait du temps à rattraper avec son fils, il ne voulait pas qu'il devienne un étranger aux yeux de son père comme lui l'avait finit par le devenir.

– Et ses examens, demanda-t-il.

Ron était étonné par son intervention. Sa mère était quant à elle agréablement surprise.

– C'est lui le major, répondit Ron fièrement.

Mais monsieur Williams n'allait pas s'étendre plus que cela sur le sujet Brian. Il n'avait pas trop posé de question à l'époque où son fils sortait avec Cristale, selon lui, les amours d'adolescence ne dure jamais très longtemps. Lui aussi avait été adolescent, il savait donc également que certains sujets n'étaient pas faciles à aborder. Et puis, il n'allait pas devenir du jour au lendemain un confident pour son fils. Mais, il se tenait à son écoute si un jour Ron voulait en discuter. Depuis qu'il avait appris que son fils sortait avec ce garçon, il s'était demandé comment allait il en venir à en parler. Difficile pour un père et un fils qui étaient devenus des étrangers d'aborder un sujet auquel ils n'y auraient jamais pensé. Mais, il se disait également que ce n'était que de l'amour avant tout et que lui ni personne ne pouvait rien y faire.

De son côté, Brian peinait à écrire son discours pour la remise des diplômes. Comme le voulait la tradition, le meilleur élève devait écrire quelques mots en l'honneur des diplômés, une tradition à laquelle Brian aurait voulu se soustraire. Le proviseur comptait sur lui, il l'avait même appelé régulièrement pour savoir où il en était. Rien de tel pour augmenter la pression que Brian avait sur ses épaules déjà bien alourdies par ses propres soucis. Difficile pour lui de se concentrer alors qu'il avait la tête ailleurs. Le temps qui s'écoulait ne faisait que lui rappeler que son histoire avec Ron était en sursis. Sur le calendrier accroché au dessus de son bureau, il cochait à l'aide d'un feutre rouge les jours qui étaient terminés. Son regard ne pouvait s'empêcher de se porter sur la date butoir qu'il avait fixé. En septembre tout serait terminé. Ron irait rejoindre son université et lui la sienne. Ils ne leur restaient qu'un peu plus deux mois. Ce calendrier était devenu son obsession. L'apercevoir ne faisait que lui rappeler que ses jours aux côtés de Ron étaient comptés. Satané calendrier, satané discours se disait Brian quand il s'asseyait à son bureau. La cérémonie de la remise des diplômes n'était plus que dans quelques jours, et toujours rien, seulement une page blanche à l'image de son avenir avec Ron. Il lui restait à l'écrire, mais comment l'écrire. Brian secoua sa tête, comme pour la vider de tous les soucis qui se faisaient un plaisir de se côtoyer. Il lui fallait avant toute chose se débarrasser de sa corvée de major. Sa tâche était d'autant plus difficile, qu'il n'avait fréquenté ce lycée que pendant quelques mois, il ne voyait pas comment il allait pouvoir faire une éloge ou un discours en se basant sur une période aussi courte. Tapotant nerveusement son crayon sur la feuille vierge de toute ébauche, il décida de travailler ailleurs l'inspiration viendrait peut être.

Il se retrouva ainsi dans les gradins du stade du lycée, là où bien souvent il se retrouvait avec Lisa. L'endroit était désert. Le gazon vert se revivifiait sous l'eau que lui desservaient les arroseuses automatiques, il allait profiter des vacances pour reprendre sa splendeur d'antan. Pendant deux mois il n'allait pas essuyer les dures foulées auxquels il était habitué. A la rentrée prochaine, il sera peut être de toute beauté pour accueillir de nouveaux pieds. Brian fit les cents pas dans les gradins peut être que l'inspiration viendrait. Et puis, il se rendit compte que c'est sur ce terrain que la cérémonie allait se dérouler. Il descendit quelques marches pour s'accouder à la rambarde. Tout en regardant les arroseuses dessinées autour d'elles des cercles d'eau, il s'imaginait le jour de son discours. Des chaises seraient dressées en rang ordonné, une estrade en bois brute serait construite pour accueillir un pupitre centrale sur lequel on aura installé un micro, qui servira a annoncer le nom des diplômés. Derrière ce pupitre, il y aura des chaises pour certaines personnes de l'administration. Le proviseur quant à lui sera au pupitre pour appeler les étudiants, mais aussi pour l'introduire. Pendant cette introduction, il serait assis sur l'une des chaises disposées sur l'estrade à attendre son tour avec cette boule au ventre avant de faire son discours. Il devrait ensuite faire face à cette foule qui attendrait avec impatience le fameux discours. Se devait il d'être original, d'être larmoyant, d'être touchant ou bien d'être tout simplement comme lui, Brian Mackenzie. Brian poussa un soupir, cette projection ne l'aidait pas plus qu'il ne l'aurait cru. Au contraire, il avait remis en marche la machine à pression. Il regagna son rang et sa page blanche, d'ici la nuit peut être qu'elle serait remplie.

Le jour de la cérémonie avait finit par arriver, au grand damne de Brian. Dans sa chambre, il se préparait tout en répétant dans sa tête son discours. Il n'arrêtait pas de se demander si celui-ci était bon, il l'avait lu à ses parents qui avaient adoré, mais leur avis était très subjectif, tout ce que faisait leur fils était bon. Il jeta un œil sur son habit de cérémonie qui était accroché sur la porte, repassé par les soins d'une mère qui voyait encore en lui son bébé. Quelqu'un frappa à ce moment là. C'était Ron. Il était prévu qu'ils se rendent avec Lisa au lycée.

– Tu m'as l'air stressé, fit Ron en passant la porte.

– Non tu crois, répondit Brian avec un ton plein de sarcasme.

Ron se mit à sourire, il n'y avait rien à faire quand Brian était dans cet état. A part un baiser pour le rassurer.

– Je suis désolé, fit Brian dans les bras de Ron la tête appuyée contre son torse, j'ai horreur d'intervenir en public et en plus pour un discours tellement officiel, je préfère lever mon verre aux mariés, ce qui sous entend que je les connais, parce que je suis invité, et que c'est moi qui fait un discours et puis je peux broder autour d'anecdotes que la plupart des gens de l'assistance connaissent mais là…

– Mais là, il n'y a pas de mariés.

– Ouais. Tu sais comment me remonter le moral toi.

Brian ferma les yeux un instant pour oublier cette obligation qui lui incombait. Il frottait sa tête contre ce torse qu'il connaissait et qui le rassurait. Il y aurait au moins quelqu'un dans l'assistance autre que ses parents qui comprendrait ce qu'il ressent.

– Aller en route, une foule en délire attend avec impatience ton discours.

Sur le lieu de l'évènement tout était comme Brian l'avait imaginé. Vêtu de l'habit de cérémonie, il attendait sur sa chaise que le proviseur ait terminé son discours pour qu'il fasse le sien. Ses mains moites tenaient nerveusement les fiches sur lesquelles il avait tout inscrit. Il poussait des soupirs comme pour extraire de son corps le stresse qui montait. Il regardait l'assistance pour guetter leur réaction. Il se disait alors, qu'il aurait du demander à Ron de faire une fausse alerte au feu.

Le proviseur appela son nom, son temps de parole était venu. Il se leva de sa chaise comme si il allait se faire exécuter. Il souriait à peine, juste ce qu'il fallait pour effacer de son visage l'expression de son appréhension. Il jeta un œil discret vers le ciel, pas l'ombre d'un nuage, aucune chance pour lui d'être interrompu par la pluie se disait il. Arrivé au pupitre, il ajusta le micro sous le regard de l'assemblée. Il balaya rapidement cette foule de visage, au premier rang les diplômés au fond leurs familles bardées de caméscopes et d'appareils photo. Brian s'éclaircit discrètement la voix et chercha du regard parmi tous ces clones qui lui était étrangers, les seuls qui comptaient, Lisa et Ron. Côte à côte, ils lui souriaient, ils étaient fiers de lui, fiers de l'avoir rencontrer. Brian jeta ensuite un regard vers ses parents qui eux plus que tout le monde était fiers de lui. Il regarda ensuite ses fiches qu'à cet instant il trouva inutile, tellement bien préparé, mais tellement vide de spontanéité. Il salua la foule avant de commencer laissant ses fiches de côté.

– Pour tout vous avouer, je ne suis pas le mieux placer pour faire un discours, et surtout ce discours en ce jour précis. Certains l'ignore peut être, mais je ne suis parmi vous que depuis quelques mois seulement, la plupart d'entre vous êtes là depuis bien longtemps. Tout comme ceux qui ignorent qui je suis, je ne sais pas qui vous êtes. Je découvre même certains visages, tant qu'à vos noms je les découvrirais sous votre photo dans l'album souvenir du lycée. Une photo et un nom, voilà qui est réducteur, tout ce temps passé ensemble juste pour exister dans un album de fin d'année, qu'on feuillettera quand la nostalgie nous surprendra. Je me sens comme un étranger qui fait un discours pour d'autres étrangers. Mais ceci est très général, car nous avons rencontré au cours des années précédentes, de cette année ou il y a à peine quelques mois, des personnes qui feront parti de nos souvenirs ou avec beaucoup de chance de notre avenir.

A cette partie du discours Brian regarda en direction de Ron et Lisa qui lui souriaient signe qu'ils avaient intercepté le message.

– Tout ça pour dire que bien qu'étrangers à soi-même ou aux autres, nous avons avancé ensemble jusqu'à ce jour. Nous avons tout fait chacun de notre côté pour être diplômé. Chacun des étrangers que nous sommes marchons vers un avenir que l'on se souhaite le meilleur possible. Continuons à avancer, mais portons à présent un regard à la personne d'à côté afin de ne pas passer à côté d'une amitié, d'un amour, ou d'une inimitié, cela ne nous rendra que plus fort. Félicitations heureux diplômés.

– Félicitation à toi étranger, cria Lisa en bondissant de sa chaise.

Brian sourit, il se rappela de sa rencontre avec Lisa, leur histoire avait commencé par ce mot. La foule en délire se congratulait tout en saluant d'applaudissement le discours improvisé de l'étranger que Brian était.

Le soir de la cérémonie, Ron se rendit chez Brian, il n'avait pas vraiment eu le temps de lui parler juste après. La porte de sa chambre était grande ouverte.

– Toc toc toc, c'est moi, fit Ron.

Brian sortit le nez de l'album.

– Salut, je ne t'attendais pas.

– C'est pourquoi je suis là, une petite surprise.

Ron referma la porte en même temps.

Il s'avança vers le lit sur lequel Brian était assis le dos bien coincé dans les gros oreillers. Il s'assit à ses côtés après lui avoir déposé un baiser sur le front.

– La nostalgie t'a déjà surpris.

Ron désigna l'album des yeux.

– Pitié je veux oublier ce discours.

Ron se mit à sourire.

– Il était très bien ton discours étranger.

– Ron tu peux toujours rentrer chez toi si t'as rien d'autre à dire.

– C'est vrai, mais j'aime t'embêter sur les choses qui te concerne et qui te gêne.

– Je ne savais pas que l'inimitié était la base de notre relation.

Ron pris l'album des mains de Brian et commença à le feuilleter.

– Evite d'employer des mots compliqués en ma présence, je ne suis que quarterback et puis ton discours était parfait. Je sais que tu n'aimes pas qu'on s'étende sur ce que tu fais, c'est pour ça que je t'embête.

Il arrêta de feuilleter et regarda Brian.

– Il n'y a pas d'inimitié entre nous, il n'y a que de l'amour, dit il en rigolant.

Brian décocha un sourire, Ron avait appris à ses côtés à faire passer des messages dans l'humour. Cela pouvait être des remarques blessantes, comme des paroles sensées être émouvantes.

– Y a eu de l'amitié entre nous, demanda Brian songeur.

– De l'amitié ?

Ron réfléchit un instant.

– En ce qui me concerne, mes seuls amis étaient les gars de l'équipe, toi je t'ai apprécié différemment, je ne te voyais pas comme un ami, mais plutôt comme le gars qui m'aidait à faire mes devoirs.

Ron regarda Brian pour voir si la réponse lui convenait, mais ce dernier était toujours sur sa fin.

– Et puis, le temps a fait que j'aimais bien ta compagnie sans forcément t'aimer, mais toi et moi, nous connaissons la suite, je suis là à tes côtés en train de me dire que t'es vraiment trop mignon avec cet éclairage légèrement tamisé.

Il ferma l'album et commença à embrasser Brian langoureusement.

– Et toi ?

– La même chose que toi, sauf que je n'avais pas d'amis à part Lisa et que j'ai commencé à t'aimer dès lors que j'ai commencé à apprécier ta compagnie en plus de ton physique.

– Normal, tu es une lumière, moi il me faut un peu plus de temps pour réaliser.

Brian appuya sa tête contre l'épaule de Ron, il ferma ses yeux fatigués, il appréciait également le meilleur moment de sa journée.

– Souvenir, avenir, tu me mets dans quelle catégorie, demanda Ron en lui donnant une tape sur la cuisse.

Brian ne répondait pas, Ron bougea l'épaule lui faisant comprendre qu'il attendait une réponse.

– Tu es les deux à la fois.

Ron médita un instant et se vautra dans les oreillers, il ferma les yeux à son tour sur cette journée.

Quand il ouvrit les yeux, il était déjà deux heures du matin, la chambre était plongée dans l'obscurité, seul la lumière des lampadaires de la rue apportait une clarté. Il constata qu'il était encore tout habillé et que Brian dormait contre lui à point fermé. Il essaya de se dégager en poussant délicatement Brian sur le côté. Mais celui-ci se réveilla aussitôt.

– Mais qu'est ce que tu fais, dit Brian avec la voix et l'intonation d'une personne qui émerge d'un profond sommeil.

– Rendors toi je m'en vais.

– Me rendormir ? Mais quelle heure il est ?

Brian regarda son radio réveil, les chiffres rouges indiquaient qu'il était deux heures passé de quelques minutes.

– Woah j'aurais pas cru que je me serais endormi.

– Moi non plus, ça doit être l'émotion de la journée.

– T'en vas pas comme ça, reste, dit Brian en s'approchant de Ron qui regardait par la fenêtre, il fait nuit, tu vas pas prendre la route c'est pas conseillé.

Ron se mit à lui sourire.

– Tu n'as pas d'autre argument ? C'est un peu léger comme moyen de dissuasion.

– Désolé mais bon, il est deux heures du mat'excuse moi si j'ai pas trouvé mieux. Quoique…

Brian ôta son tee-shirt et le balança à la figure de Ron. Tout en se rapprochant il défaisait la boucle de sa ceinture. Ron le regardait en souriant.

– Je vois que t'as finit par…

Brian l'embrassa langoureusement.

– … trouver, fit Ron, tes parents sont juste à côté.

Brian se dirigea vers sa porte, tourna la clef tout en regardant Ron avec un regard malicieux. Il n'avait plus qu'à se laisser faire.

Peu après, Ron avait pris le torse légèrement humide de Brian pour un oreiller, sa tête bougeait au rythme de sa respiration.

– Je t'ai déjà dit que j'aimais la promiscuité de ton lit ?

– Oui, mais moi je ne crois pas t'avoir déjà dit que j'aimais que tu y sois. Promiscuité comment tu causes !

– Je devrais arrêter de te fréquenter je ne me reconnais plus.

Ron posa sa tête sur le même oreiller que Brian et remonta les draps. Il aimait ce contact, leurs tempes humides l'une à côté de l'autre, il pouvait parfois sentir quelques pulsations.

– Je pourrais rester comme ça toute la vie, murmura Ron à l'oreille de Brian.

Brian se tourna vers lui, lui aussi aurait aimé rester comme cela toute la vie, mais tout cela bientôt, n'allait être que de beaux souvenirs pensait il.

– Serre moi fort.

Ron s'exécuta et pressa tout son être contre le corps de Brian qui voulait graver cet instant à tout jamais.

Chapitre 17
La soirée du bal

Le lendemain matin chez les Mackenzie, il flottait dans l'air un parfum de pains grillés qui venait à peine de sauter du toaster avec son déclique familier.

– Je vous ai vu hier soir, fit la mère de Brian au petit déjeuner.

Les garçons se regardèrent interloqués.

– Comment ça tu nous a vu ?

Madame Mackenzie se dirigea vers le grille-pain et retira les tartines pour les mettre dans une assiette.

– Il devait être un peu plus de vingt trois heures, j'étais venu te dire bonne nuit, j'ai frappé, mais je n'ai eu aucune réponse et quand j'ai ouvert la porte pour voir si tout allait bien, vous étiez tous les deux endormis, raconta-t-elle en beurrant les tartines.

Brian et Ron étaient soulagés, elle ne les avait pas surpris dans une fâcheuse posture.

– Vous étiez si paisible que je n'ai pas osé vous réveiller, j'ai donc éteint la lumière et je suis parti me coucher.

Ils n'avaient même pas fait attention à la lumière éteinte, heureusement que personne n'était revenu les voir après que la porte soit fermée à clef, pensa Brian.

Ils prirent leur petit déjeuner tranquillement, Ron rentra ensuite chez lui.

De retour chez lui, il croisa son père dans le hall d'entrée, il venait de récupérer le journal. Il jeta un œil à sa montre.

– Tu viens tout juste de rentrer ou bien tu es sorti tôt ce matin ?

– J'arrive à l'instant.

– Tu étais où ?

– Chez Brian.

Monsieur Williams hocha la tête.

– Il a fait une fête ?

– Non, on s'est assoupi. Et quand je me suis réveillé, il était déjà deux heures donc j'ai préféré rester chez lui au lieu de prendre la route.

– Tu as bien fait, dit son père en parcourant la une du journal.

– Si maman me cherche je suis sous la douche.

Monsieur Williams regagna la cuisine où sa femme préparait son café.

– Ton fils vient tout juste de rentrer, lança-t-il.

– Ah bon, il était où ?

– Chez Brian.

Il tira une chaise et s'installa à table.

– Ha, il y a passé la nuit ?

– C'est ce qu'il m'a dit avant de filer prendre une douche.

– Ils ont du faire la fête toute la nuit, mettre de la musique, pousser les meubles enfin des trucs de leur âge, dit elle en prenant place à côté de son mari.

Monsieur Williams baissa son journal pour regarder sa femme dans les yeux. Il lui souriait presque narquoisement.

– De la musique, pousser les meubles... deux adolescents épris l'un de l'autre, passent la nuit ensemble le jour même où ils sont diplômés. Ai-je besoin de te faire un dessin ?

– Non, c'est que... je ne voulais pas que tu ais... ce genre d'idée dans la tête... enfin pas tout de suite, dit elle en lui caressant le revers de sa main.

Il la serra tout en caressant à son tour le revers de la sienne avec son pouce. Il accentuait sa caresse au niveau de la bague qu'il lui avait passé au doigt le jour de leur mariage.

– J'ai longuement réfléchit à la nouvelle tournure des choses, si Ron aime ce garçon, je n'y peux rien et nous y sommes pour rien. L'amour ne se commande pas. Ça vous tombe dessus comme ça et puis voilà. Il est tombé amoureux de Brian et puis c'est tout. Et en bon père je dois voir cette relation d'un mauvais œil, fit il avec un sourire.

Madame Williams en avait les larmes aux yeux. Son mari avait décidé de redevenir un père pour ce fils qu'il avait tant désiré et que son travail lui avait fait négliger. Il était à présent là, pour l'accompagner dans les différentes étapes de sa vie. Il lui acheta un smoking pour le bal de promo, il avait même mis son chauffeur et la limousine à sa disposition. Ron pouvait lire dans ses yeux sa bénédiction même si il n'en avait pas besoin. Du moins il était heureux de voir son fils heureux, c'était tout ce qu'il comptait.

– T'abuses, j'ai même pas encore eu le temps de faire mon nœud papillon.

– Désolé, mais Lisa m'a sommé d'arriver un quart d'heure avant par précaution.

La limousine roulait en direction de la maison de Lisa. Brian se débattait avec son nœud papillon il avait déjà du mal à le faire devant son miroir alors dans une voiture en marche même si c'était une limousine, cela ne l'aidait pas.

– Précaution de quoi ?

– Tu sais les filles et l'importance du bal de promo… bouge pas je vais te le faire ton nœud.

Ron avait les yeux rivés sur ce petit bout de tissu qu'il allait devoir transformer en papillon. Brian haussait le menton pendant que Ron s'appliquait à la tache. Il était si délicat quand il était concentré.

– Voilà, tu vas faire chavirer des cœurs ce soir.

– Et toi tu seras élu roi.

Lisa était resplendissante ce soir là, en plus elle

avait le privilège d'être escortée par deux cavaliers qui portaient remarquablement la tenue de soirée. Elle fit une entrée des plus remarqués dans la salle de danse avec à chaque bras deux belles rencontres qu'elle avait faite vers la fin de l'année. Le photographe de la soirée immortalisa l'instant. La boulle à facette reprit par la suite son rôle d'éblouir la salle qu'elle avait momentanément laissé à Lisa, Ron et Brian. Ces deux derniers ne firent pas long feu dans la salle de danse, ils laissèrent Lisa avec un chevalier servant rencontré par hasard, pour se rendre sur le stade.

La lune qui brillait tout en haut dans le ciel, éclairait leur promenade sur la verte pelouse. Ils avaient chaud dans leur smoking, mais une légère brise leur apporta la senteur des bois et un peu de fraîcheur.

– Ça me fait tout bizarre de me dire que je ne jouerais plus ici.

– Tu la retrouvera ailleurs la clameur de tes supporters.

Ron jeta un œil vers les gradins vides plongés dans la pénombre.

– Peut être... mais mes grandes victoires c'était ici.

Brian posa sa main sur son épaule et tapota ensuite.

– Quand j'ai dit que la nostalgie viendrait nous surprendre, je ne m'étais pas trompé.

Ron tenu un instant cette main délicatement posée et la caressa avant de la laisser s'en aller. Ils marchèrent longuement sur le terrain, l'un à côté de l'autre, ils échangeaient. Tout et rien, accompagné de moments de silence, de simples regards et de simples sourires. Ron sorti ensuite sa main de la poche de son smoking et pris celle de Brian qui s'entrechoquait contre lui quand il marchait. Les mains de Brian étaient aussi douces que ses lèvres.

– Qu'est ce qui t'arrive, demanda Brian ne comprenant pourquoi Ron faisait cela.

– J'ai pas le droit de te prendre la main ?

– Non, c'est juste que c'est la première fois que tu le fais quand on marche.

– Je le fais parce que j'étais en train de penser à toi.

Tout comme Brian l'avait guidé sur des terrains inconnu qu'étaient les bonnes notes et l'amour qu'il ressentait pour un autre garçon, Ron le guidait sur ce terrain que Brian n'avait jamais foulé. Il avait surtout envie de le savoir là, tout prés de lui en cette nuit des plus nostalgique. Le tenir pour qu'il ne puisse pas lui échapper. Il le tenait fortement et tendrement à la fois. Ils s'arrêtèrent ensuite en plein milieu du terrain. En fait, Ron s'était soudainement arrêté. Brian ne comprenait pas pourquoi il avait le regard fixé sur les gradins.

– Je me souviendrais toujours de toi au milieu d'une foule en délire et criant mon prénom.

Il serra encore un peu plus fort cette main comme pour la remercier de s'être tendue à lui, à une période de sa vie où il en avait besoin.

– Je me dis souvent qu'inconsciemment c'est peut être à ce moment là que tout à commencé en moi.

Pour la première fois, j'avais l'impression que tu étais vraiment derrière moi, à me soutenir, à me dire de continuer. Ça n'avait rien avoir avec ton soutien scolaire. Tout comme les études sont importantes pour toi, t'avais compris que ce match l'était pour moi. Et le fait que tu t'y intéresses, je me suis dit que tu me voyais autrement que comme un mauvais élève. Je voulais te prouver certainement que je n'étais pas un looser, en tout cas, pas partout.

– C'est vrai que t'avais insisté pour que je vienne te voir.

Ron quitta les gradins des yeux et les posa sur Brian qui le regardait avec un sourire de fierté qui saluait les nombreux changements de Ron.

– Merci d'être venu, je ne crois pas te l'avoir déjà dit.

– Je ne crois pas non plus. Pour ce que l'on vit toi et moi actuellement, je crois que j'ai bien fait de venir. Alors, de rien, c'était un plaisir. Fin de la parenthèse enchantée, allons rejoindre la soirée.

Ron amena Brian tout contre lui, la parenthèse enchantée devait se clore par un baiser. Un stade vide et immense, une nuit profonde de silence, le cadre idéal pour un échange de baisers intenses. Puis des petits bruits se firent entendre autour d'eux bien trop occupés à s'embrasser, pour s'en rendre compte. Des gouttes d'eau par millier commencèrent à jaillir, ce n'était pas la pluie, mais les arroseuses automatiques. Ron et Brian eurent un réflexe de surprise et se mirent à rire. Brian se précipita pour quitter le terrain, mais

Ron lui prit la main. Il l'arrêta et continua à l'embrasser. Brian céda, ce n'était pas bien grave d'être trempé, tout ce qui comptait, c'était d'être dans les bras de son quarterback. L'eau avait diluée de leurs esprits l'idée même du bal de promo qui se tenait juste à côté. Le couronnement s'était fait sans eux, ils s'amusaient à courir parmi les jets qui les entouraient. Ils jouaient au jeu de la bonne humeur des cœurs qui s'étaient trouvés et qui ne voulaient plus se quitter.

Pourtant, deux semaines plus tard, ces cœurs allaient jouer à un autre jeu.

Chapitre 18
Par un beau matin d'été

Un matin d'été, un matin où vers dix heures le soleil commençait à régner dans un ciel bleu sans nuage, Brian se rendait chez Ron. Ces chemins, ils les avaient toujours emprunté avec un sentiment de profonde sérénité. C'était souvent son cœur qui conduisait. Brian pouvait faire ce trajet les yeux fermés tant il le connaissait. Les virages n'avaient plus de secret, il savait les négocier. Mais ce matin là, Brian était bizarre, ce cœur qui le guidait, n'avait pas envie de continuer. Il voulait faire demi tour, mais Brian l'avait forcé. Il s'emballait, Brian faisait tout pour le calmer, pour le rassurer. Il essayait en vain de le contrôler, il voulait le faire taire, il savait très bien que ce qu'il s'apprêtait à faire était pour son bien. Leur bien à tous les deux, c'était ce qu'il se disait pour se consoler. Brian regardait la route sans la regarder, il était hypnotisé par une seule et unique pensée. Il ne voulait voir que cela, il ne voyait pas toutes les autres alternatives qui s'offraient à lui, qui s'offrait à eux. Il était aveuglé par sa cupide idée qui selon lui allait l'aider à survivre. Car d'une manière ou d'une autre sa vie allait laisser place à la survie. Il voulait apprendre à survivre dés maintenant, au moins se disait il, c'est lui qui l'aurait décidé.

La maison de Ron était vide, la présence de sa seule voiture, laissait à penser que ses parents étaient sortis. Brian se permit donc d'entrer sans même sonner. Il grimpa une à une les marches de l'escalier, il se tenait à la rambarde, chose qu'il n'avait jamais fait. Il se hissait pour pouvoir avancer et se donner du courage. Il frappa à la porte de Ron et entra. Celui ci était imperturbable dans son canapé, manette en main et les yeux rivés sur l'écran. Brian s'avança vers lui, passa délicatement sa main dans ses cheveux où le gel était devenu de plus en plus inexistant. Il y déposa un baiser comme à chaque fois qu'il le faisait quand Ron était plongé dans une partie qui le captivait. Mais cette fois ci, son baiser était plus appuyé, il s'imprégna de la délicate odeur qui s'y dégageait comme si c'était la dernière fois qu'il faisait cela.

– Bonjour, dit Ron pour répondre à ses gestes pleins d'affection.

– Je t'ai déjà dit que tu étais mieux sans tout ce gel dans les cheveux.

Ron continuait à s'exciter sur la manette en faisant des grimaces, la partie semblait des plus ardues.

– C'est bien pour ça que j'en met de moins en moins.

Brian laissa Ron à son jeu et fit les cents pas dans la chambre. C'était comme un pèlerinage, il posait ses yeux à chaque endroit où il y avait des souvenirs. Il revoyait chacune des scènes qu'il affectionnait et qui les avait menées jusqu'à cet instant. Il regarda ensuite par la fenêtre comme pour les oublier, puis il se rapprocha du canapé. Il observa Ron en train de jouer et de s'énerver contre lui ou contre la machine qui lui fichait sa raclé. Le seul bruit que l'on entendait, c'était celui du thème musical du jeu auquel il jouait.

– C'était bien nous deux, lança Brian.

Bien que plongé dans sa partie, Ron avait toujours une oreille attentive pour lui.

– T'es peut être le major de la promo, mais tu fais quand même des fautes de conjugaisons, dit il en rigolant.

– Non… le verbe est bien conjugué.

Ron détourna ses yeux de l'écran et regarda Brian posté à côté de la fenêtre. Il se demandait s'il avait bien entendu et compris ce qui venait d'être dit.

– Comment ça tu l'as bien conjugué ?

Brian tourna la tête sur le côté pour fuir les yeux de Ron dans lesquels pourtant il aimait tant voir son reflet. Ron ferma les yeux et passa une main dans ses cheveux, l'attitude de Brian avait répondu à sa question de conjugaison.

– Attends si j'ai bien compris, tu viens m'annoncer que c'est fini, demanda Ron.

– Tu devrais faire pause, tu vas te faire terrasser, répondit Brian en parlant du jeu.

Ron poussa un grand soupire.

– Woah, et tu as décidé ça quand ?

– Y a à peine quelques jours, répondit timidement Brian.

– Quelques jours.

Ron se leva abasourdi par la conversation qui se profilait. Il s'assit sur l'accoudoir pour être face à Brian qui ne le regardait pas.

– Regarde moi, on peut discuter, tu ne peux pas décider pour nous. On est un « nous ». Par conséquent nous devons décider ensemble.

– Je ne peux plus continuer.

– Tu ne veux plus pouvoir continuer ! Pourquoi ?

Brian s'assit sur la banquette tout en regardant l'écran.

– Tu es en train de te faire tuer.

Ron jeta à son tour un coup d'œil machinal vers l'écran.

– Mais qu'est ce que tu me racontes, laisse le jeu tomber et parle moi de nous, parle moi de toi. Qu'est ce qui te prends ?

– J'en ai marre de compter les jours, j'en ai marre d'attendre, d'être en sursis, j'en ai marre de souffrir à me dire que c'est bientôt fini…

– Tu préfères donc souffrir maintenant, et me

faire souffrir encore plus que si c'était le temps.

– Je ne veux pas te faire souffrir, je veux arrêter de souffrir.

Ron soupira en regardant Brian qui n'osait pas le regarder.

– Mais en agissant comme tu le fais c'est moi qui en souffre le plus. C'est pas parce que l'on se verra pas que l'on ne s'aimera plus, y a les vacances, y a les fêtes…

– Y a la distance, y aura d'autres rencontres et puis avec le temps tout s'en va, on s'oubliera.

Ron secoua vivement la tête. Mais qu'est ce qui se passe se demandait il.

– J'arrive pas à croire que tu me dis ça, t'as pas le droit.

– Je suis désolé, mais je peux plus continuer Ron, je peux plus. Je te vois et je me dis que j'ai tort, mais je le fais pour moi, pour nous.

– Si tu le faisais pour nous, tu ne serais même pas là.

– D'accord, et bien je le fais pour moi car je ne peux pas continuer à te voir et à faire semblant que tout va bien, à être dans tes bras et à me dire que c'est la X dernière fois.

Ron passa à nouveau sa main dans ses cheveux, ce qu'il entendait était invraisemblable, même dans ses pires cauchemars il n'aurait jamais pensé à cela.

– Voilà, tu t'es fait tuer, tu aurais du faire pause, dit Brian en regardant l'écran.

Ron battait nerveusement son talon droit contre le bas du canapé, ce qui attira l'attention de Brian.

– Tu as raison, j'aurais du faire pause. J'aurais du faire pause quand j'ai commencé à comprendre ce que je ressentais pour toi, j'aurais du faire pause la première fois où j'ai osé t'embrasser, j'aurais du faire pause la fois où tu m'as fais une petite crise de jalousie qui m'a fait comprendre que tu m'aimais, j'aurais du faire pause la première fois où on s'est fait l'amour, j'aurais du faire pause la fois où ma mère nous a surpris. J'aurais aussi du dire non quand on m'a proposé ton aide, j'aurais du résister quand tu as commencé à me bouleverser, j'aurais du voiler ce que je ressentais, j'aurais du faire taire mon cœur pour l'empêcher de t'aimer. J'aurais du tellement faire tant de chose.

Brian avait du mal à soutenir le regard de Ron qui peu à peu se remplissait de larmes. Qu'avait il fait se demandait il. Pourquoi était il venu, pourquoi n'avait il pas écouté son cœur et fait demi tour laissant au temps la douloureuse charge de leur séparation. Il ne pouvait plus revenir en arrière, il ne pouvait plus reprendre le mal qu'il venait de faire à Ron qui lui avait donné son âme. A présent Ron lui donnait ses larmes. Brian était attristé par ce qu'il voyait, peu à peu Ron s'effondrait. Sa robustesse ne pouvait dissimuler le flot de douleur qu'il ressentait à l'intérieur.

– T'as pas le droit de m'abandonner Brian, t'as pas le droit, dit Ron dans un début de sanglots.

– Je suis désolé Ron, mais je n'ai plus la force.

– J'en ai pour deux, j'en ai pour toi, j'en ai pour moi, j'en ai pour nous.

Ron avait du mal à retenir les larmes qui s'écoulaient sur ses joues, il ne les cachait pas car il n'avait plus rien à cacher à Brian. Ce dernier ne pouvant supporter d'avantage cette douloureuse vision se prépara à s'en aller. Il ne savait pas ce qu'il devait faire. Devait il partir sans aucun geste de réconfort ou bien montrer une dernière fois toute l'affection qu'il avait pour lui. Brian opta pour la deuxième solution tout en craignant la réaction de Ron. Malgré cette crainte il s'avança vers lui, de sa main il essuya une larme de trop sur ce visage qu'il avait tant aimé et qu'il aimait encore. Ron se leva subitement et le serra fort dans ses bras.

– Ne me laisse pas, ne me laisse pas, dit il en sanglot.

Son étreinte était aussi vive que la douleur qu'il ressentait. Il s'agrippait à Brian comme pour ne pas tomber. Mais la chute était inévitable, cette chute que Brian avait décidé. Il l'empoignait pour ne pas le laisser partir, ce geste si fort était mesuré, il ne voulait pas lui faire de mal. Il le suppliait de rester. Brian était resté fort, aucune larme ne venait troubler son regard. Il se contenait. Ron le laissa se dégager, il quitta la chambre sans se retourner, il se mit à courir pour sortir de la maison au plus vite. Entendant sa course dans l'escalier Ron se mit à lui courir après pour tenter de le rattraper.

A l'extérieur monsieur et madame Williams venaient tout juste de se garer. Ils montaient les marches menant au porche. La porte d'entrée s'ouvra soudainement, Brian sortait en larme et en courant. Il n'avait même pas vu leur présence. Ils restèrent interpellé par ce qu'ils voyaient. Brian eu le temps de s'engouffrer dans la voiture avant que Ron n'arrive. La porte d'entrée s'ouvra de nouveau, Ron dévala les marches et arriva à la hauteur de la voiture de Brian. Il tapota sur la vitre, Brian démarra coupable de ce qu'il avait fait, il jeta un dernier regard à Ron avant de démarrer en trombe. Ron courra à côté de la voiture tout en tapotant sur la vitre.

– T'as pas le droit, t'as pas le droit, criait il.

Brian accéléra pour ne plus entendre sa voix, mais Ron courait encore derrière la voiture. Ses parents sur le porche ne pouvaient que se demander ce qu'il s'était passé. Sa mère cachant sa bouche de sa main était inquiète de voir son fils dans cet état. Son mari posa ses mains sur ses épaules comme pour la rassurer. Elle posa machinalement sa main sur la sienne. Ron avait disparu du rétroviseur de Brian qui était en larme au volant de sa voiture. Ron continuait à courir même s'il ne voyait plus la voiture de celui qui l'avait tendu autrefois la main, celui qui lui avait tant appris et dont il s'était épris. Il courait pour s'éloigner, oublier ce qui venait de se passer. Il voulait se vider de toute cette peine. Courir jusqu'à l'épuisement pour ne plus sentir qu'il était vivant. La vie venait de lui être arrachée. Il finit par faire demi tour pour rentrer chez lui. La porte d'entrée claqua mettant ainsi fin à l'attente de ses parents qui se demandait ce qui était arrivé. Ils n'osèrent pas l'aborder, Ron regagna sa chambre en traînant sa peine avec ce regard hagard que ses parents ne lui connaissaient pas. Ils restèrent dans leur coin, plus tard ils iraient le voir. Ron ne descendit pas déjeuner. Ses parents se posaient beaucoup de question à son sujet. Madame Williams faisait jouait nerveusement ses ongles parfaitement manucuré sur la table.

– Mon dieu mais qu'est ce qui s'est passé ?

– Des cris, des larmes, je crois que l'on a quelques indices qui ne trompe pas, fit son mari.

– Tu crois vraiment qu'ils se sont séparés ?

Monsieur Williams soupira.

– Il y a de forte de chance.

– Mais pourtant tout allait si bien.

– Oui, mais la vie est pleine de surprise.

– Je vais aller le voir.

Son mari fit une moue.

– Quoi ? Tu crois que je devrais attendre ?

– Je ne sais pas, on a jamais eu ce cas figure, du moins on était pas là. Je ne sais pas comment il va réagir, s'il cherche de la compagnie. Je ne pense pas que se soit facile pour lui d'aborder ce sujet, surtout avec ses parents.

– Mais il faut bien qu'il parle. Tu ne voudrais pas aller voir, je ne pourrais pas m'empêcher de pleurer si je le trouve attristé.

Monsieur Williams se racla la gorge, la situation était délicate. Il n'avait pas l'habitude de parler des histoires de cœur avec son fils, il ne l'avait jamais fait dans un passé récent. Mais comme leur relation devait prendre un nouveau départ, c'était l'occasion où jamais de faire quelque chose.

Il frappa avec hésitation à la porte de Ron en espérant que celui-ci lui demande de retourner d'où il venait. Mais il lui dit d'entrer. Ron était couché sur le lit, le regard perdu dans la vue que lui offrait sa fenêtre, il ne la quittait pas des yeux. Les mouchoirs en papier éparpillés partout sur le lit, laissaient à penser qu'il avait pleuré toute l'après midi.

– Est-ce que ça va, lui demanda anxieusement son père.

Etait-ce une bonne entrée en matière, n'allait il pas avoir droit à une réponse des plus électrique. C'est ce que craignait monsieur Williams.

– J'ai connu mieux, répondit Ron en reniflant sa peine.

– Tu veux en parler ?

Ron se retourna. Il avait les yeux rouges, le regard triste et fatigué d'avoir trop pleuré.

– Tu veux vraiment savoir ?

– Oui.

Ron se retourna vers la fenêtre, la pudeur l'empêchait de regarder son père droit dans les yeux.

– Il m'a quitté.

A cet instant monsieur Williams se dit qu'il avait vu juste.

– Pourquoi ?

– Parce qu'il voulait souffrir plus tôt.

Son père ne comprenait pas, souffrir plus tôt, que voulait il dire.

– Tu peux être plus explicite.

– Nous n'allons pas dans la même université, je vais à Central et lui à West. Autant dire au bout du monde loin de l'autre. Il ne supportait pas cette idée. Pas moyen qu'il puisse s'inscrire dans mon université, il n'avait pas fait la demande à temps. Selon lui, on aurait finit par se séparer, et il a préféré prendre les devants. Un peu trop tôt. Il nous reste, enfin, il nous restait encore un mois avant de partir chacun vers d'autre horizon. Et voilà, il m'a quitté. Woah, il m'a quitté.

Son père s'assit près de lui. Il tapota sur son épaule pour lui redonner du courage.

– C'est encore jouable tous les deux.

– Je viens de te dire qu'il m'a quitté, dit Ron en s'emportant légèrement.

– Rassure toi j'avais compris. Je veux simplement te dire, qu'il ne t'a pas quitté parce qu'il ne t'aimait plus, mais parce qu'il t'aime trop pour laisser le temps décidé pour vous.

Ron était surpris par les paroles de réconfort que lui tenait son père.

– C'est gentil.

– Ce qui serait gentil, c'est que tu sèches tes larmes et que tu ailles le voir.

Ron se retourna vivement.

– Il m'a plaqué, je doute fort qu'il est envi de me voir.

– Tu es quarterback, tu sais comment te relever des placages.

– Oui, mais ce n'est pas sur le même terrain.

Son père esquissa un sourire.

– Tu es un gagnant. Tu ne vas pas le laisser jouer tout seul la partie. Vous êtes une équipe, vous devez jouer ensemble.

– Tu as raison, je ne vais pas le laisser me mettre sur la touche.

– Vas plutôt le voir ce soir, dissipe ce chagrin d'abord.

Son père se leva et quitta la chambre, Ron le remercia avant qu'il ne passe le pas de la porte. Lui qui n'avait jamais osé aborder avec son fils les histoires de cœurs, il venait de le conseiller de ne pas laisser tomber le garçon qu'il aimait. Ron pouvait voir en cela, un désir qu'avait son père de rattraper le temps qu'ils avaient perdu. Il était admiratif face à la démarche d'un père qui venait à peine de savoir que son fils aimait un garçon. De l'autre côté de la porte, monsieur Williams n'en revenait pas, depuis plusieurs années déjà, c'était la première conversation personnelle qu'il avait avec son fils. Il ne s'était jamais imaginé aborder les histoires de garçons avec lui, mais la vie réserve parfois des surprises. Cependant, il était ravi d'avoir été à son écoute et de l'avoir conseillé. Il retourna voir sa femme tout en repensant à cette conversation et essentiellement au délicat problème des universités.

Chapitre 19
Par une douce nuit d'été

Le soir avait fini par tomber sur cette éprouvante journée, où les cœurs déchirés tentaient de se soigner. Le ciel était dégagé, les étoiles scintillaient. Sur les conseils de son père, Ron se rendait chez Brian. Sur le trajet, il se demandait si il avait raison d'y aller. Et si Brian refusait de le recevoir ? Si il avait donné consigne à ses parents de ne pas le laisser entrer, comment ferait il pour le contacter. Il ne répondrait sûrement pas au téléphone. Devrait il faire intervenir Lisa en tant que médiatrice ? Voilà toutes les interrogations qu'il avait pendant que son 4X4 l'amenait jusqu'à Brian. Il se gara un peu avant la maison de ce dernier. Il coupa le moteur et éteignit les phares, mais il alluma sa lueur d'espoir. Il se donnait du courage. Les paroles de son père lui revinrent à l'esprit, il ne t'a pas quitté parce qu'il ne t'aimait plus, mais parce qu'il t'aime trop pour laisser le temps décider pour vous. Si seulement son père avait raison se disait il. Il tapota nerveusement sur le volant et se décida à descendre. Il avança d'un pas discret, mais décidé vers la maison de Brian. Aucune lumière à sa fenêtre pourtant sa voiture prouvait sa présence. Il frappa à la porte. Madame Mackenzie le fit entré. Elle demanda à Ron si il était au courant de ce qui avait pu mettre Brian dans un tel état. Elle lui raconta qu'il était rentrée en pleure et qu'il s'était dirigé dans sa chambre qu'il n'avait pas quitté de toute la journée. Ron ne savait pas quoi lui dire, juste qu'il était là pour en savoir un peu plus et essayer de le réconforter. Elle lui sourit et le laissa se rendre seul au chevet de son fils. Il salua monsieur Mackenzie au passage, qui était lui aussi inquiet pour son fils.

Ron frappa à la porte et n'eu aucune réponse. Il l'entrouvrit, la chambre était plongée dans l'obscurité de la nuit. La lumière du couloir éclaira par un faisceau le lit sur lequel il pouvait voir Brian allongé la tête dans les oreillers comme pour se cacher. Comme si il avait honte de ce qu'il avait fait. La porte se referma redonnant à la chambre son atmosphère de tristesse. Brian ne bougeait pas. Ron s'était permis d'entrée. Brian l'aurait peut être jeté si il s'était annoncé. Il ne voulait pas prendre un tel risque. Il s'avança lentement et dans le silence pour ne pas que Brian l'entende. Il était triste de le voir dans cet état, lui aussi avait souffert, mais voir Brian aussi inanimé que cela lui faisait du mal. Il était habitué à ses sourires et ses espiègleries, il lui était donc difficile de soutenir une telle image de lui. Pourtant, il semblait si paisible, mais en vérité Brian était meurtri et c'était ce qu'il cachait la tête dans les oreillers. Qu'avait il fait, pourquoi l'avait il fait, étaient les questions qui martelait son esprit. Ron posa un genou sur le lit afin d'y entrer. Le contre poids sortit Brian de sa torpeur. Il se retourna en sursaut se demandant qui était là, il avait pourtant émis le souhait de rester seul. Il vit alors une silhouette assez massive au bord du lit, son cœur s'accéléra, il l'avait reconnu dans la lumière de la nuit. Mais pourquoi était il là surtout après ce qu'il lui avait fait ? La silhouette devint plus nette, un à un les traits s'affinaient, il vit alors que Ron avait un sourire et un regard tendre. Brian ne pu s'empêcher de s'effondrer. Après ce qu'il avait fait, il était là semblant prêt à lui pardonner. Ron le recueillit dans ses bras, il le serra de toutes ses forces. Tout était pardonné, tout était oublié. Brian continua de pleurer encore un moment. Ron le réconfortait en le chérissant de tout son corps. Il lui disait de se calmer, qu'il était là et qu'il avait compris ce qui l'avait poussé à agir ainsi. Brian finit par se calmer, il resta un long moment la tête appuyer contre le torse de Ron, il pouvait entendre les battements de son cœur. Le bruit de ses pulsations l'apaisait.

– Je suis désolé, finit par dire Brian.

Ron le pressa encore un peu plus contre lui.

– Ce n'est pas grave, répondit il en l'embrassant dans les cheveux.

Brian leva la tête et le regarda avec ses yeux

humides qui demandaient encore de lui pardonner pour ce qu'il avait osé lui faire. Un sourire était la réponse de Ron à ses yeux qui quémandait.

– Je t'aime.

– Je t'aime aussi, répondit Ron en ponctuant sa déclaration par un baiser.

Ron s'allongea ensuite, tout en gardant Brian prés de son cœur. Ils restèrent muets en appréciant cet instant où ils s'étaient retrouvés après l'orage de la matinée. Brian effleurait de ses doigts le cœur de Ron, il inscrivait à l'encre imaginaire de son amour son prénom. Il repassait encore et encore son doigt en dessinant chacune de ses lettres. Ron amusé le regardait faire.

– Tu sais que dans Brian il y a nos deux initiales.

– Je n'avais pas fait attention.

– Moi aussi, je viens de m'en rendre compte. Un B et R, liés à jamais. J'espère que l'on connaîtra le même sort.

– J'espère aussi, dit Ron en lui caressant les cheveux du bout des doigts.

Ron jeta un œil à sa montre, il était encore tôt, la trotteuse caressait la grande et la petite aiguille qui marquait vingt deux heures. Tout comme la trotteuse, cela faisait déjà deux heures que Ron caressait les cheveux de celui qui avait changé sa vie. Il ne se lassait pas d'être à son contact de le sentir vivre sous la tendresse de ses doigts. La nuit était de plus en plus silencieuse le passage des voitures dans le quartier se faisait de plus en plus rare. Brian se laissait bercer par le passage de ses doigts. Peu à peu il commença à fermer les yeux, mais Ron prit la parole avant qu'il ne sombre inévitablement.

– Allons faire un tour, j'ai envie de manger une glace.

Brian ouvra les yeux et sortit de son état léthargique du à la fatigue émotionnelle qu'il avait lui-même occasionné en cette journée.

– A cette heure ci ?

– Oui, à cette heure ci et en ta compagnie.

– D'accord.

Ils descendirent au salon prévenir les parents de Brian de ne pas l'attendre. Sans conteste ils trouvèrent qu'il allait mieux. La venue de Ron lui avait été bénéfique se disaient ils sans trop savoir pourquoi. Ron et Brian s'engouffrèrent dans le 4X4, direction le pays des glaces. A cette heure tardive de la nuit, le glacier ne comportait que des habitués, des insomniaques ou bien des couples d'amoureux. Ron et Brian faisaient parti de cette dernière catégorie qui se faisaient de plus en plus rare. Ils prirent place à une table proposant une intimité certaine. Le décor était aux couleurs acidulées des glaces que l'on pouvait servir. Une serveuse vêtue de son tablier rayé rose et blanc vint prendre leur commande. Elle avait le sourire qui cachait sa fatigue et son envie de rentrer chez elle. Ron lui souriait à son tour, elle le trouva beau comme la plupart des gens. Elle lui fit un sourire qui laissait entendre qu'elle était charmée. Ron le voyait bien et fit en sorte de ne pas répondre aux appels de la jolie sirène. Il commanda une coupe XXL. Pour ce genre de commande, le client pouvait être maître de la composition de ce qu'il voulait manger. Il nomma un à un les parfums que Brian adorait, la vanille, la fraise, le café, le caramel, le chewing-gum… Brian ne pouvait s'empêcher de sourire.

– Et surtout, une tonne de chantilly à vous rendre malade.

La serveuse sourit.

– Ça sera tout ?

– Apportez nous deux cuillères, dit Ron.

La serveuse compris à cet instant qu'elle n'allait pas devoir prendre la commande de celui qui l'accompagnait. C'était la première fois qu'elle voyait deux garçons commander une seule et unique coupe pour deux. Elle se rendit au comptoir où elle laissa la commande au préparateur.

– T'aurais pu penser à toi, dit Brian.

– Je mange tout ce que tu manges, j'aime tout ce que tu aimes.

– Donc tu t'aimes.

– Si tu m'aimes oui.

Brian sourit, il était évident qu'il l'aimait, tout comme il allait être évident pour la serveuse qu'ils s'aimaient.

Elle déposa leur commande en leur souhaitant un bon appétit, toujours avec ce sourire. Elle se posta ensuite dans un coin de la salle où elle pouvait les observer tout en faisant son travail. Tout en essuyant les tables, elle leur jetait un regard. La coupe entre eux deux, chacun une cuillère à la main et l'autre posée sur la table, ils commencèrent par déguster la crème. Ils ne se quittaient pas des yeux comme ils ne s'arrêtaient pas de discuter et de rigoler. Il y avait chez eux une très grande complicité se disait elle. Leurs yeux ne pouvaient mentir, la sincérité de ce tendre regard qu'ils posaient sur l'autre ne laisser aucun doute sur la relation qu'ils avaient. Sous la table leurs genoux étaient en contact, elle l'avait remarqué, ce qui l'avait conforté. Ron avait décidé qu'à présent, il ne se cacherait plus, il ne restreindrait plus ses élans, les gens verraient simplement ce qu'ils voudraient voir. La serveuse avait elle compris que ces garçons à la coupe unique étaient tout simplement unis. Elle passa à côté de leur table en leur souriant, ce n'était plus ce sourire commercial ou aguicheur, mais un sourire qui saluait l'amour qu'il y avait.

A leur sortie, le parking était désert, Brian remercia Ron pour ce dessert. Ron lui souriait en jouant avec ses clefs.

– T'es bête.

– Quoi, fit Brian.

– C'est très poli de me remercier, mais tu n'en as pas besoin et tu le fais tout le temps.

– Je trouve que c'est normal.

Ron se mit à sourire.

– Je sais, tu es très bien éduqué.

– Je ne sais pas si je suis en train de faire une overdose de crème glacé, mais je ne te comprends pas.

Ron s'approcha de lui et posa ses mains sur sa taille. Brian plongea alors son regard dans le sien qui était devenu sérieux.

– Je veux dire que tu adresses tant de merci à toutes ses petites choses que je fais pour toi, te passer un livre, te passer l'eau. Tu vois toutes ses choses quotidiennes, banales, normales, tu les remercies à chaque fois. Et moi je suis là, à me dire que c'est rien. Et toi, qui en a tellement fais pour moi, je ne trouve même pas les mots pour te dire merci. Il n'y aura jamais assez de merci pour te dire que je suis touché par ce que tu m'apportes tous les jours, tes sourires, tes regards, ta respiration, tes baisers, ta présence tout simplement à mes côtés. Et je me dis souvent comment faire pour qu'il comprenne, est ce qu'il sait vraiment ce que je ressens ? Je veux que tu saches que je t'aime, pour ce que tu es, pour ce que tu m'apportes. Je t'aime Brian MacKenzie. Je t'aime.

Brian était ému par ce qu'il venait d'entendre. La seule réponse qu'il trouva à cet instant était un baiser.

– Je t'aime Ron Williams.

Ron le serra fort contre lui, sur ce parking où minuit retentit.

– Tu les as trouvé tes mercis.

Ron déposa un baiser sur son front, comme à chaque fois Brian fermaient les yeux pour ressentir cette marque d'affection.

– Tu dors chez moi, lui demanda Ron.

– Je dors chez toi.

Ron faisait sauter ses clefs dans sa main, les cliquetis brisaient le silence de la nuit.

– Tu es conscient que je ne te laisserais pas vraiment dormir.

– J'en suis conscient, répondit Brian avec un sourire.

Chapitre 20
Et bien plus encore

Les jours qui suivirent cette journée étaient semblables aux jours qui suivirent le début de leur relation. Joie et bonheur étaient au rendez vous de leurs cœurs. Les parents de Ron en étaient les témoins. Ils avaient raté une bonne partie de sa jeune vie, mais à présent, ils le voyaient heureux comme jamais. Cela était devenu normal pour eux d'avoir toujours Brian sous leur toit, tellement qu'ils trouvaient bizarre les soirs où il n'était pas là, laissant ainsi Ron seul pour quelques heures. Ron était vraiment heureux à ses côtés, ce qui les rendait tout simplement heureux pour lui, pour eux.

Monsieur Williams se réveillait parfois la nuit pour aller se chercher un verre d'eau dans la cuisine. Au détour du salon, il avait toujours la chance d'assister à un moment privilégié. En effet, Ron et Brian étaient souvent avachis l'un sur l'autre dans le canapé blanc du salon, bien trop occupé par l'écran ou par leur conversation, ils ne l'avaient jamais vu. Bien entendu, la première fois où il avait assisté à cela, il avait été surpris. Mais très vite, son regard s'était attendrit face à ce tableau des plus charmants où ces jeunes amants n'étaient qu'affection sur ce canapé d'un blanc aussi pur que leur amour. Son fils le regard perdu dans celui qu'il aimait était ce qu'il retenait. Ses yeux qui brillaient, ses lèvres qui souriaient, cette main qui prenait soin. Voilà ce à quoi il assistait. Alors, voir son fils parfois seul sur ce même canapé où Brian s'était évaporé pour une soirée, lui renvoyait l'image d'un fils tapis dans le noir sans cette lueur dans le regard. C'est dans ces moments là, qu'il repensait à la conversation qu'il avait eu avec lui, la fois où Brian avait voulu le protéger, se protéger. Cette lueur serait absente trop longtemps si Ron et Brian étaient amené à aller dans des universités trop éloignées. Son fils ne serait que l'ombre de lui-même, il ne pouvait l'accepter.

Un matin où Ron s'était momentanément absenté, Brian vint chez lui et ne trouva personne à part monsieur Williams qui lui avait ouvert la porte.

– Il est parti en ville avec sa mère, il n'en a pas pour longtemps.

– D'accord.

– Justement, j'ai à te parler.

Brian eu alors un air inquiet, de quoi le père de Ron voulait il lui parler. Ils n'avaient jamais vraiment parlé, juste échangé quelques réflexions sur la pluie et le beau temps. Le terme « parler » raisonnait en lui comme des ennuis. Avait il mal agit ?

– Ne fais pas cette tête, suis moi dans mon bureau.

Brian le suivit comme si il suivait le proviseur qui allait le sermonner.

Le bureau de monsieur Williams était des plus classique, une pièce décorée par de la boiserie massive, des vieux livres sur des étagères atteignant le plafond, un tapis sur lequel trônait un bureau au bois remarquablement raffiné. Brian s'assit après y avoir été invité. Monsieur Williams était impressionnant dans son fauteuil en cuire.

– Détends toi, je ne vais pas te gronder.

Brian sourit.

– Es tu conscients de tout ce que tu as fait pour lui ?

Brian ne s'attendait pas à discuter avec monsieur Williams de la relation qu'il avait avec son fils. Il s'adossa à sa chaise et tripota ses mains. Il était mal à l'aise de parler de cela avec le père de Ron.

– Conscient du travail scolaire oui, pour le reste je ne sais pas.

– Tu l'as transformé, en quelqu'un de plus heureux. Comment tu as fais ?

– Je ne sais pas, c'est à lui qu'il faut poser la question.

– Je lui ai déjà posé et il m'a répondu que ta seule présence était une bouffé de bonheur.

Brian était touché par ce qu'il venait d'entendre, Ron le lui avait déjà dit, mais il ne pensait pas qu'il l'avait dit à d'autre.

– Je n'ai jamais vu mon fils aussi heureux depuis qu'il est avec toi. Il a toujours cette lueur dans ce regard qui parle… qui parle de toi, de lui, de vous. Et quand tu n'es pas là, j'ai remarqué qu'elle s'estompait.

Brian ne savait plus où se mettre, ce que le père de Ron disait était gentil, mais c'était bizarre aussi d'entendre ces mots de sa bouche. Il finit par lui tendre une enveloppe. Brian l'a prit avec un air intrigué. A l'intérieur, Brian eu la surprise de trouver un formulaire d'inscription de l'université de Ron. Un formulaire qui n'aurait jamais pu être entre ses mains avant l'année prochaine. Monsieur Williams avait fait joué ses relations pour que son fils ne soit pas privé de son bonheur, de sa lueur. Brian ne savait comment exprimer sa gratitude.

– Prends bien soin de lui, c'est tout ce que je te demande.

Brian ne s'attendait pas à une telle demande surtout de la part d'un père qui venait il n'y a pas si longtemps d'apprendre que son fils aimait un autre garçon, un père qui avait été si distant depuis qu'il l'avait rencontré. A présent et depuis quelques temps déjà, il ne voulait que son bonheur, Brian était celui là. Brian était très touché par cette demande si inattendue, mais tellement bien venue. Il y avait une sorte de reconnaissance dans cette formulation ainsi qu'une demande cachée, implicite, celle de ne plus faire souffrir son fils, ne serait ce qu'une seconde.

– Je ferais de mon mieux.

Brian se leva de sa chaise, remercia une dernière fois monsieur Williams pour ce qu'il lui avait offert, du bonheur. Il se dirigea ensuite vers la porte, alors qu'il avait la main sur la poignée dorée, le père de Ron intervenu une dernière fois.

– Est-ce que tu l'aimes, demanda-t-il à Brian.

Ce dernier se retourna avec un sérieux et son cœur au bord des yeux.

– Et bien plus encore.

Il ouvra ensuite la porte et sortit, laissant ainsi seul monsieur Williams avec une certaine satisfaction, celle d'avoir fait le bon choix, celle d'avoir permis à ces deux êtres d'être réuni. Il regarda alors une photo de famille posée sur son bureau, sur celle-ci Ron devait avoir dix ans. Que le temps passe se disait il, il n'avait pas vu son fils devenir un jeune homme, mais il allait tout faire pour le voir devenir un homme.

Ron était de retour chez lui quelques instants plus tard. Brian l'attendait sagement dans sa chambre pour lui faire part de la bonne nouvelle. Assis sur le canapé il l'attendait. Montant les escaliers Ron ne se doutait pas de ce qui l'attendait. Bien sûr il savait que Brian était là, il s'en était douté en voyant sa voiture dans l'allée. Mais la bonne nouvelle n'avait pas laissé d'indice. Elle se gardait la surprise. Ron fut accueillit par une salve de baiser doux que Brian lui donnait à chaque fois qu'il voulait lui montrer qu'il l'aimait.

Quel accueil pensait Ron.

– Je devrais te faire attendre plus souvent si je suis accueillis comme ça, dit il en tenant Brian dans ses bras avec un sourire qui exprimait sa joie de le voir.

– Je vais avec toi.

– Tu vas avec moi ?

Brian lui donna un baiser avant de répondre.

– A Central, ton père a fait le nécessaire.

Ron souleva Brian du sol pour exprimer sa joie, il le serra fort, c'était la plus bonne nouvelle que Brian pouvait lui annoncer. Il était tellement angoissé par l'idée qu'il allait devoir vivre loin de lui, qu'il en avait perdu le sommeil. Quelle belle nouvelle. Ron n'en revenait pas, c'était si impensable. Il serra de nouveau Brian avec toute sa force, toute sa vigueur, en lui murmurant d'innombrable « je t'aime ».

– Woah, c'est génial, je suis tellement excité que je ne sais plus si je dois m'asseoir… je tiens plus en place.

Il faisait les cent pas devant un Brian plus joyeux que jamais à s'imaginer leur nouvelle vie.

– Il nous faudra un bel apart', avec deux chambres au cas ou on se disputerait.

Brian ne faisait que sourire, il partageait l'euphorie de Ron. Tout les deux vivant ensemble, jamais ils ne l'auraient imaginé. Leur avenir universitaire commun n'était pas à l'ordre des derniers jours. Mais maintenant oui.

Ron remercia son père après le départ de Brian, qui lui informa ses parents du changement de programme.

– Tu seras donc à Central avec Lisa et Ron, résuma son père.

– Oui.

– Lisa doit être folle de joie.

– Je ne lui ai encore rien dit, je viens juste de l'apprendre.

Ils étaient tous les trois assis à la table de la cuisine.

– Et tu dis que c'est le père de Ron qui a fait ça, demanda son père.

– Oui.

– Et pour quelle raison ?

– Je suppose que Ron lui a parlé de la situation et de l'amitié que j'ai pour Lisa et lui.

Brian jouait des doigts sur la table.

– L'important c'est que vous soyez tous les trois réunis, conclue sa mère.

– Et que tu continus à avoir de bon résultat, ajouta son père.

Brian s'adossa à sa chaise.

– Dans le genre je te mets pas la pression t'es le roi.

Son père rigola et s'excusa, son fils n'avait pas besoin de ce genre de discours.

Les jours passèrent un à un, rapprochant Ron et Brian vers une nouvelle vie, une vie à deux sous le même toit matin et soir. Après avoir dit au revoir à ses parents, consolant sa mère dans ses bras, enlaçant son père une dernière fois, Brian prit la direction de la maison de Ron avec ses bagages posés sur le siège arrière de sa voiture. Arrivé à destination, Ron bouclait ses dernières affaires. Brian le regardait faire du pas de la porte. Ron vérifiait qu'il n'avait rien oublié. Son gros sac de voyage posé sur le lit était prêt à partir. Ron se mit à sourire, il repensait à ce soir particulier où il avait osé l'impassable, embrassé Brian pour la première fois. Plongé dans ses pensées, il ne le vit même pas s'approcher de lui.

– Tout va bien ?

– Oh tu es déjà là.

Il posa un bisou sur son front.

– J'étais justement en train de penser à toi.

– Ah oui, fit Brian.

– Oui. Plus exactement à ce fameux soir, où je t'ai embrassé pour la première fois.

– C'est un peu grâce à toi qu'on en est là.

Ron pencha la tête et fronça les sourcils.

– Comment ça ?

– Tu as osé faire le premier pas, ce pas que je n'aurai pas moi-même oser franchir. Je l'aurais fait peut être bien plus tard, je te l'aurais plus dit, je n'aurais pas agit. Je n'aurais pas eu ce courage.

Ron l'embrassa à cet instant.

– Ce n'était pas du courage, c'était de l'amour.

Brian l'enlaça une dernière fois dans cette chambre qui avait vu naître jour après jour leur histoire d'amour.

Ron descendit ensuite dire au revoir à ses parents, ils seraient de retour pour les fêtes.

Arrivé sur le porche Ron jeta un œil en direction de la voiture de Brian.

– Tu la laisses ici.

– Mais pourquoi, j'en aurais besoin là bas.

– Je ne supporterais pas de faire le trajet sans toi, je ne veux pas être séparé une minute de plus de toi. Ma voiture sera ta voiture, comme ma vie est ta vie.

– Dis comme ça, impossible de refuser.

Ron regarda une dernière fois sa maison, ses parents qui leur souriaient.

Ils déposèrent leurs bagages dans le coffre du 4X4 avant de démarrer leur vie, un regard complice dans l'habitacle, et ils étaient partis.

Table des matières

Cet ouvrage a été composé par Edilivre

175, boulevard Anatole France – 93200 Saint-Denis

Tél. : 01 41 62 14 40 – Fax : 01 41 62 14 50

Mail : client@edilivre.com

www.edilivre.com

Tous nos livres sont imprimés
dans les règles environnementales les plus strictes

ISBN papier : 978-2-332-73758-8

ISBN pdf : 978-2-332-73759-5

ISBN epub : 978-2-332-73757-1

Dépôt légal : mai 2014

Imprimé en France, 2014